ISADORA
DUNCAN

ISADORA DUNCAN

BERTA FERNANDA RODRÍGUEZ MÉNDEZ

ISBN: 84-9764-756-4
Depósito legal: M-28506-2005

Colección: Mujeres en la historia
Título: Isadora Duncan
Autor: Berta Fernanda Rodríguez Méndez
Coordinador general: Felipe Sen
Coordinador de colección: Mar de Ventura Fernández
Diseño de cubierta: Juan Manuel Domínguez
Impreso en: COFÁS

IMPRESO EN ESPAÑA – *PRINTED IN SPAIN*

ÍNDICE

I. EL COMIENZO

Isadora Duncan nació en la ciudad de San Francisco en mayo del año 1877. San Francisco, en el estado de California, era ya famosa por su gran bahía, arropada por la cordillera de la costa, por sus empinadas calles y por su carácter singular, fruto de la herencia española mezclada con el pueblo indígena y los buscadores de oro.

Los primeros recuerdos de Isadora son el fuego y el mar. Recuerda en sus memorias (*Mi Vida,* pg 24), que a los dos o tres años la casa donde vivían los Duncan se incendió y que fue evacuada saltando por la ventana. Tras este episodio traumático del que también recuerda la angustia de su pobre madre y el chocolate caliente que bebieron cuando hubo pasado el susto, sus primeros recuerdos se dirigen hacia el mar. Isadora adoraba el mar, de hecho, toda su vida procuró estar cerca de él, convencida como estaba de que todos los grandes acontecimientos de su existencia transcurrían junto al agua. Ella misma dejó escrito que nació bajo la estrella de Afrodita. Le gustaba compararse con ella ya que ambas nacieron del mar, o en su caso, muy cerca de su influencia. Es curioso como Isadora combina una especie de sentido místico de la vida con una sensatez o naturalidad que entonces llamaba poderosamente la atención. Creía en la influencia astrológica sobre el carácter, es más, instaba reiteradamente a todos los padres a informarse sobre los planetas que iban a repercutir en la vida de sus hijos, pues estaba convencida que conociéndolos, podrían criar a sus vástagos de forma más armónica y hermosa.

Isadora insistía en dejar bien claro, que nació bajo la influencia del planeta Venus, llamado también «el lucero del alba» por su bri-

7

llante y cautivadora luz. Los romanos apodaron a este planeta con el nombre de la diosa del amor porque parecía transmitirles las cosas más bellas que en el Universo podían existir. Dentro de la llamada ciencia astrológica, el planeta Venus representa algunas de las cosas más bonitas de la vida: belleza, la estética, poesía, el buen gusto, música, dulzura, y amor. Isadora creía sinceramente en todas estas cosas y pensaba que haber nacido bajo la influencia de este planeta no era mera casualidad. Ella buscaba la belleza en todas las cosas, era una poetisa con su danza, una ardiente y fiel amante que luchaba incansablemente por liberar a la mujer a través del arte.

Isadora creció y se educó en una familia singular. Su madre, también llamada Isadora, era una profesora de piano de origen irlandés que educó a sus cuatro hijos con entera libertad. Los padres de Isadora se habían divorciado siendo ella un bebé. Al parecer, su padre era una de esas personas obsesionadas con hacer fortuna y que o bien no tienen suerte, o bien dirigen muy mal sus propios negocios. Todos los proyectos que sistemáticamente iba ideando a lo único que conducían era a la ruina familiar. Gracias a las clases de piano que impartía la madre a las ricas familias de San Francisco, pudieron sobrevivir los Duncan. La madre se cansó de tanta falsa promesa y de aguantar a un marido que se aferraba aún más en cada fracaso a sus sueños de grandeza, en los que habitualmente introducía a alguna bella millonaria. Tras el divorcio descubrió con dolor que estaba sola, que de nada le servían ya todos los modelos de perfección que su buena familia católica irlandesa le había inculcado. Así, de la forma más violenta, pasó del catolicismo tradicional al ateísmo más definitivo. Decidió que el sentimentalismo carecía de sentido. El desprecio por el dinero y todo lo que su búsqueda conllevaba fue, a partir de su divorcio, una constante en su vida. Sólo le importaba la educación de sus cuatro hijos. Para ella, todas las demás consideraciones carecían de sentido. Abandonada como había sido por su marido, ¿en qué podía creer? Solamente existía una cosa segura: había que vivir la vida con plena libertad, puesto que sólo nos tenemos a nosotros mismos. Todas las noches sentaba a su alrededor a sus cuatro hijos:

8

La bailarina Isadora Duncan en su juventud tras abandonar la ciudad de San Francisco.

Augustin, Elisabeth, Raymond, e Isadora y les tocaba al piano fragmentos de obras clásicas y románticas, les recitaba versos y leía en voz alta pasajes de algunas obras de dramaturgos como Shakespeare, Shelley, Keats o Burns. Sus hijos heredaron sin remedio el carácter libertario y artístico de su madre, y muy pronto aprendieron a recitar poesías y a dramatizarlas por medio de la danza y la música. La educación del clan Duncan giró entorno al arte. El arte y permanecer juntos, era lo fundamental en sus vidas. Todo lo demás carecía de importancia. La falta de dinero, el no tener qué comer o no saber dónde terminarían durmiendo la próxima noche, no eran causas suficientemente graves como para que la familia de Isadora dejase de danzar, recitar poesías y representar obras teatrales, casi siempre con su madre tocando el piano. A veces, la tía Augusta se sumaba con mucho entusiasmo a estos improvisados eventos artísticos. De los miembros familiares sólo recordó Isadora en sus memorias, además de brevemente a su padre, y de la presencia constante de su madre y sus hermanos, a esta tía que también debió ser bastante singular. La describe como muy guapa, de ojos y cabello negro y poseedora de una preciosa voz que acompañaba su innato talento desgraciadamente inutilizado.

Isadora en sus memorias (pg 26) agradece que siendo ella joven, su madre fuera pobre, porque le permitió llevar una vida más espontánea y libre. La madre se pasaba todo el día fuera de su casa dando clases de piano a domicilio, y como no había nadie para vigilar a sus hijos, éstos crecieron con entera libertad. Los niños podían acostarse y levantarse cuando querían, no existían las normas ni la disciplina; vivían en un auténtico paraíso infantil. Su madre era «deliciosamente descuidada», no les imponía normas absurdas ni sermones del tipo niña no hagas esto o lo otro. Gracias a este ambiente familiar Isadora pudo encontrar muy pronto el camino de su arte, basado precisamente en la libertad de la danza. Todos se sentían protegidos y libres al mismo tiempo en el seno familiar.

A los cinco años Isadora comenzó a ir a la escuela pública, una experiencia que ella misma relata con sincero horror. Su madre simplemente no podía dejarla más tiempo sola y la inscribió en la escuela local para que estuviera recogida. Ni la madre ni la hija creían en ese tipo de educación tan académica y restrictiva. Para Isadora su paso en la escuela, de los cinco a los diez años, supuso un enfrentamiento con las costumbres educativas al uso. Siendo niña se le hacía imposible comprender el porqué se tenía a los niños inmóviles en las clases, con el estómago vacío y los pies helados en los zapatos. Para ella esto suponía una clara tortura incomprensible que demostraba lo inhumano de la escuela y el brutal desconocimiento de lo que para Isadora, representaba la infancia. Permanecer en el colegio era igual que estar en una cárcel. Se pasaba todas las horas contando los minutos que le faltaban para salir y volver a ser libre. Era humillante. Igual la podían tratar de niña tonta por no saberse las respuestas o de la alumna más inteligente de la clase. El objetivo de la educación en esta primera etapa parecía más orientado a domesticar a los niños, a crear seres sumisos, que a educar personas libres e independientes. Precisamente por sus malas experiencias en la escuela, Isadora sintió muy pronto una gran vocación hacia la enseñanza. De hecho, al cumplir los seis años, comenzó a enseñar a otros niños, normalmente educados en la rigidez y en la inmovilidad física, cómo había que mover los brazos al ritmo de la música. Al poco tiempo, la pequeña «escuela de Isadora» era ya tan popular, que los padres de los niños decidieron premiar su iniciativa entregando a la profesora una pequeña cantidad de dinero. Cuando cumplió los diez años ya se ganaba un pequeño sueldo, insuficiente para sobrevivir, pero lo suficientemente sustancioso como para dejar la escuela. Ir al colegio suponía una pérdida de tiempo y en la familia no sobraban los ingresos. Para dejar la escuela que la atormentaba y ponerse a trabajar, tuvo que hacerse pasar por una muchacha de dieciséis años, algo fácil para ella que era alta, delgada y con desparpajo e inteligencia suficiente como para engañar a cualquiera.

Isadora siempre fue una mujer valiente y de fuertes convicciones. En alguna ocasión se preguntó *¿por qué hay mujeres muy inteligentes que se casan sabiendo que transformarán su condición de mujeres libres a esclavas?* Isadora tenía un ejemplo muy claro en su propia familia. A pesar de leer novelas sentimentales en las que la protagonista siempre terminaba casándose por amor al final del relato, ella tuvo muy claro desde su temprana infancia que el matrimonio, tal y como estaba concebido en las leyes y en la práctica en su época, suponía una tremenda equivocación en la que las esposas perdían mucho más que los maridos. Luchó toda su vida contra el matrimonio y a favor de la emancipación de la mujer. ¿En razón de qué principios se le impedía a la mujer tener todos los hijos que ella quisiera, con quien le apeteciera y cuando le placiera? Isadora prometió con doce años no casarse jamás, y durante la mayor parte de su vida hizo gala de esa promesa que parecía inamovible. Su madre, a pesar de haber sufrido un fracaso matrimonial, procuraba inculcar a su hija, como muchas madres siguen haciendo hoy en día, lo conveniente que podía resultar el matrimonio para una mujer. No es que Isadora rechazase la idea de unir su vida a la de un hombre, sino que detestaba por injusta e insana, la idea básica de sometimiento de la mujer al varón, que era uno de los pilares fundamentales del matrimonio existente entonces. *Una de las mejores cosas que ha hecho el gobierno de los Soviets es la abolición del matrimonio. Esta firma no implica ninguna responsabilidad para ninguna de las dos partes.* Isadora abrazó con entusiasmo los ideales de la revolución rusa, en los que veía una plasmación en la realidad de sus propias inquietudes de libertad.

Siendo una niña de seis o siete años, un día apareció de repente ante el umbral de la casa de los Duncan su padre. Nadie salió a recibirle, presa toda la familia del histerismo causado por la sorpresa, pero la pequeña curiosa le acompañó a tomar un helado y descubrió que a él también le gustaba la poesía. Algunos años más tarde su padre volvió a reaparecer irrumpiendo en la rutina familiar, pero en esta segunda ocasión su madre sí accedió a hablar con él. Su padre vivía con su nueva familia fuera de San Francisco. Con uno de sus negocios había conseguido adquirir una pequeña fortuna con la que pudo comprarles una gran casa con salón y pista de baile, en la que a partir de entonces vivieron los Duncan. Allí todo el clan de artistas disfrutó a lo grande montando todo tipo de obras de teatro y bailes aprovechando el espacio y el lujo que les que imitaba el de las olas del mar y libre, es decir, totalmente opuesto al movimiento rígido y geométrico del ballet. Su danza pretendía unir un gesto natural continuo que reflejaba sus impresiones sobre la naturaleza, con una serie de estados anímicos. ¿Qué representaba la naturaleza para Isadora? Para ella suponía, según algunos autores como Ann Daly, una metáfora de sus ideales estéticos y sociales. La Naturaleza era la desnudez, la infancia, el pasado idílico, las líneas fluidas, la salud, la nobleza, la libertad, la simplicidad, el orden y la armonía. El principio fundamental de su arte se podía resumir diciendo que para Isadora, *la danza es el cuerpo que se expresa a sí mismo en el movimiento rítmico.*

Sabemos que Isadora dejó la escuela con diez años y se puso a trabajar en su improvisada escuela de baile infantil, pero no por eso se convirtió en una persona sin cultura ni formación, al contrario, fue dejar la escuela que la martirizaba y convertirse en una lectora voraz de todo lo que iba encontrando. Estando su familia en Oakland, descubrió que a varias millas de distancia se encontraba la biblioteca pública. Trabó amistad con la bibliotecaria, Ida Coolbrith, que le animó a leer con pasión. Según la describe en sus memorias (pg 39), Ida, que era una mujer muy hermosa e interesante, había sido el verdadero amor frustrado de su padre. Es muy posible que al conocer esta historia, Isadora se sintiera todavía mucho más unida a la bibliotecaria y que comenzase a leer con más curiosidad si cabe. Por aquel tiempo de adolescente, leyó las obras de Dickens, Thackeray, Shakespeare y otras miles de obras de muy distinta calidad literaria. Era tal la pasión recién descubierta hacia la literatura, que pasaba sus noches en vela leyendo libros desaforadamente, incluso intentó ella misma escribir una novela y editó con sus propios recursos un periódico. Como hacen muchos adolescentes, Isadora comenzó a escribir un diario utilizando un lenguaje secreto. ¿Qué escribiría en este cuaderno que tan celosamente ocultaba? Sencillamente, que estaba perdidamente enamorada de un muchacho de la localidad que trabajaba en una droguería. Su amor secreto, que duró cerca de dos años, se llamaba Vernon. Un día el susodicho contrajo matrimonio con una mujer de la localidad y desapareció de su vista. Isadora siempre amó con pasión ciega a los hombres. Era incapaz de olvidarse de ellos incluso después de haber dado por terminada una relación sentimental. De la misma manera que comenzaba o finalizaba cualquier aventura afectiva, con sencillez y naturalidad, podía pasarse largos años recreándose en sus deseos y soñando de nuevo con esos hombres que había conocido. Muchas veces alardeó ante amigas y conocidas de ser una mujer *muy fiel,* y desde su punto de vista sí que lo fue. Se entregaba completamente desde el principio y si la relación amorosa fracasaba por diferentes razones, siempre estaba dispuesta a comenzar otra historia de amor. Le admiraba la sencillez con que algunas personas parecían vivir su vida: enamorarse de una sola persona, casarse y convivir con ella hasta la muerte, era para ella un imposible. Había tanto que conocer y tanta belleza en el mundo, que era incapaz de cerrar su corazón a un solo hombre. Siempre ávida de pasiones, siempre dispuesta a saciar sus deseos eróticos más inmediatos, pero leal y sincera con sus sentimientos y generosa y honrada con los demás. De Isadora no se puede decir que engañase nunca a nadie. La recordamos espontánea, desinhibida, franca, valiente y apasionada.

La misma pasión que desplegaba en sus relaciones amorosas la volcaba en sus inclinaciones artísticas. Es curioso observar cómo en Isadora se unen la vitalidad más extrema por el disfrute de la vida con la curiosidad intelectual y su celo profesional y dedicación absoluta hacia la danza. Las pasiones en ella una vez surgidas, cómo esa pasión voraz por la lectura, una vez nacidas jamás la abandonarían. Isadora siempre fue una lectora crítica y constante que con el tiempo supo pulir sus gustos hacia la poesía, literatura y filosofía de calidad. Después de abandonar la escuela, se convirtió en una estudiante ejemplar, aprendiendo de forma autodidacta varios idiomas en su periplo por el mundo: el francés y el alemán los hablaba con fluidez, el italiano, el griego y el ruso, los entendía medianamente. Este conocimiento lingüístico le permitió poder leer la obra de Schopenhauer, el filósofo alemán predilecto de Isadora, y de Kant en su idioma original. Habituada al lenguaje poético desde su infancia, cuando su madre les recitaba todas las noches versos, Isadora aprendió a valorar y a querer la poesía como parte esencial de su vida. Conoció la obra de poetas como Shelley, Keats y Whitman, poetas norteamericanos que crearon un especial vínculo en su vida. Este último, Walt Whitmann (1819-1892), se convirtió en uno de sus poetas favoritos.

A lo largo de sus memorias, se puede ir descubriendo que Isadora necesitaba encontrar la belleza en las personas que habitualmente compartían su vida. Su exquisita sensibilidad hacia lo bello le llevaba a entregarse con pasión a todo aquello que emprendía; no le bastaba con la mera contemplación estética de algo bello sino que buscaba con fervor empaparse de ese algo que constituía para ella el auténtico milagro de la vida. Quizás por eso se pregunta en sus memorias si ella es o no bella para el gusto de los demás. Le gustaría que algún lector contemplase su fotografía y le dijera con sinceridad que opina sobre su belleza.

II. PRIMEROS VIAJES

Isadora desde los 10 o 12 años, influida por los libros que leía y empujada por su fuerte ambición artística, tomó la determinación de salir lo antes posible de la ciudad de San Francisco, que la ahogaba, y recorrer el mundo. Toda la familia Duncan estaba acostumbrada a los frecuentes viajes obligados por los sucesivos desalojos. Eran incapaces de echar raíces en ningún sitio. Con su desprecio por todo lo material, el clan Duncan se educó para vivir la vida según ésta fuera llegando, no tenían la costumbre de realizar grandes planes, ni mucho menos de estructurarlo todo en una serie de logros materiales. La bella Isadora sometió a toda la familia a un amplio debate y expuso crudamente todas las razones por las que había que salir de San Francisco lo antes posible. La madre, que vivía exclusivamente para sus hijos, no solamente no rechistó sino que apoyó decididamente la propuesta de su joven hija menor. Isadora siempre agradeció a su madre todas sus enseñanzas, admirando al principio su gran austeridad y su entereza para soportar las cansinas idas y venidas de un piso a otro y la incertidumbre económica constante. Así pues el clan Duncan, que solía actuar conjuntamente, decidió que la madre e Isadora salieran hacia Chicago en busca de mejor fortuna. Más tarde se reunirían el resto de los hermanos que permanecían a la espera de buenas noticias. Llegaron a Chicago un día muy caluroso del mes de junio. Apenas si llevaban equipaje, tan sólo un baúl con las pocas pertenencias de valor que aún les quedaban, entre las que se encontraban algunos encajes hechos por su abuela irlandesa y veinticinco dólares. Isadora, como era optimista, no solía calcular las consecuencias inmediatas de sus actos, se lanzaba a conseguir todo aquello que deseaba de forma instantánea y con entera determinación. Estaban solas en Chicago a la búsqueda de un buen empleo que permitiese de nuevo reunir al resto de la familia, pero no deseaban cualquier trabajo, por encima de todo prevalecía el triunfo de Isadora. Habían llegado a Chicago pensando que todo se desarrollaría de forma sencilla y placentera, que los teatros de dicha localidad reconocerían enseguida la valía artística de Isadora. Pero la realidad no era tan sencilla y tan gozosa como en un principio se pretendía, ni los empresarios de los teatros de Chicago estaban en disposición de comprender o admirar de un primer vistazo las novedades o las gracias del arte de la joven Duncan. La joven bailarina ya había adquirido la costumbre de danzar descalza con una túnica al estilo griego como única vestimenta. En la familia Duncan se despreciaban las joyas, los objetos que denotaban un poder adquisitivo mayor, se valoraba la sencillez, la búsqueda de la pureza del arte que situaban en una Grecia clásica ideal. Isadora recorrió incansable algunos teatros bailando con su túnica y descalza delante de los directores, y de todos recibía la misma respuesta cortante: aquella danza era bonita, novedosa pero no vendía; el público quería otro tipo de espectáculo más «picante» o erótico. ¿A quién le importaban todas esas consideraciones artísticas que pretendían renovar el arte de la danza, alcanzar su máxima pureza y autenticidad? No interesaba desde luego a los teatros estadounidenses, más centrados en conseguir beneficios de las ventas que en mostrar un espectáculo de alta calidad artística. La danza que proponía Isadora no tenía nada que ver con el espectáculo trivial que ofrecían la mayoría de los teatros norteamericanos, en los que habitualmente, se utilizaba a las bellas bailarinas como meros estímulos eróticos de los espectadores. La danza de la Duncan quería lograr alzarse como un auténtico arte, salir del lugar marginal en el que estaba sumida, convertirse en un arte liberador, educativo, autónomo, capaz de transformar incluso los modelos de comportamiento femeninos vigentes en su época. Isadora, orgullosa, autosuficiente, segura de su arte, rechazaba por eso, una tras otra todas las proposiciones laborales que creía le podían apartar de su verdadero objetivo. Llegó un día en que los escasos 25 dólares disponibles desaparecieron, y se encontraron con que no podían pagarse un alojamiento y ni siquiera comer saludablemente. Las dos pobres mujeres, acostumbradas a las penurias alimenticias, a los desalojos por impago, a la escasez de cualquier medio material que les hiciera más cómoda su rutina diaria, decidieron aguantar con una caja de tomates como único alimento para toda una semana. Obligadas a vender las escasas pertenencias familiares por diez dólares para pagarse un alojamiento, no tuvieron más remedio que rendirse ante la evidencia: aquella situación no se podía aguantar más, la pobre madre estaba al borde del agotamiento e Isadora decidió aceptar finalmente el primer trabajo que le saliera.

Fue en el Masonic Temple Roof Garden, a donde Isadora acudió en primer lugar. Al igual que en otras ocasiones, ofreció su danza al director del conocido teatro, y éste le volvió a contestar que ese espectáculo no vendía, que era guapa y graciosa pero que necesitaba una danza más picante. Debido a la precaria salud de su madre, aceptó el trabajo sin dudarlo. Su pobre mujer jamás le insinuó volver a San Francisco a pesar del hambre que estaba pasando. Resistía sacrificada soportando penalidades para ayudar a su hija a conseguir un buen trabajo. Así que Isadora consiguió convencer al director de unos grandes almacenes para que le vendiese a crédito alguna ropa necesaria para su nuevo espectáculo; una camisa y algunas otras prendas ligeras que su madre por la noche le arregló para comenzar los ensayos al día siguiente. Guardó siempre en su memoria el gesto generoso de este empresario con el que volvió a coincidir muchos años más tarde en un crucero. Isadora fue una mujer de altas ambiciones y de altos principios inquebrantables, el que en esta ocasión aceptara un trabajo de estas características se debía a la necesidad más absoluta, pero rechazó una prórroga una vez hubo pasado una semana, pues para ella, que ya tenía un concepto muy elevado de lo que suponía el arte de la danza y que ni más ni menos pretendía renovarla, este trabajo «picante» suponía una humillación y un auténtico desperdicio de sus posibilidades artísticas. Isadora en su presentación picante bailó *El correo de Washington,* una música que estaba de moda entonces. Y tal fue su gracia que fue contratada inmediatamente por cincuenta dólares a la semana. El tema de la pimienta le parecía una estupidez, pero logró un cierto éxito y renombre. El hambre ya había rebajado sus ansias y pudo permitirse rechazar de nuevo un trabajo una vez hubo finalizado el contrato de trabajo semanal suscrito.

Isadora recuerda con tristeza este verano en Chicago (pg 44), en el que pasaron tanta hambre y tantas penalidades su madre y ella. Un día sin embargo, su suerte pareció cambiar, le presentaron a una periodista, Amber, subdirectora de un conocido periódico de Chicago que las invitó a visitarla en un club bohemio situado en lo alto de un edificio. Amber era una mujer madura, algo gruesa, con el pelo pelirrojo que cedía desinteresadamente parte de sus ingresos para mantener un local de reunión de los bohemios más extraños de la ciudad a los que daba de comer y beber. Hasta *Bohemia* se acercaron una noche Isadora y su madre y se quedaron sorprendidas del ambiente tan extraordinario que allí se respiraba: artistas de toda condición y nacionalidad y pobres como ratas, se daban cita en ese local destartalado muchas veces para poder probar algún bocado. Isadora bailó ante ellos y quedaron extrañados de su peculiar forma de danzar. Nunca se había visto algo semejante, aquella danza tenía algo religioso, un carácter místico pero era bella y deslumbrante. De entre todos los bohemios las dos mujeres trabaron amistad con un poeta polaco llamado Miroski. Fue el único de los allí presentes que comprendió el alcance de las danzas de Isadora, su trabajo y sus ideales. Miroski era muy inteligente, componía poesías y pintaba, pero a pesar de su talento era muy pobre. Tenía cuarenta y cinco años y una sonrisa irónica que mezclada con su mirada penetrante te dejaban helada. Isadora era una muchacha inocente e ingenua en las cuestiones amorosas, incapaz de comprender el tipo de amor que por ella sentía el poeta. Miroski, a pesar de su pobreza, invitaba a comer muy frecuentemente a las dos mujeres en su casa o en el campo. Estaba muy enamorado de la joven bailarina, fascinado por su personalidad, por su ambición e inteligencia. Isadora no podía sospechar que había suscitado una «insana pasión» en el polaco (pg 46). Inocente, ingenua como eran normalmente los norteamericanos de esa época, fue incapaz de ver la pasión que latía en los ojos de Miroski. La madre tampoco sospechaba nada, quizás porque para ella era inadmisible un amor de esas características. Isadora daba largos paseos con Miroski, y entre el pasear y la amena conversación surgió entre ambos el amor y el deseo. Llevado por su oculto deseo, Miroski le pidió en matrimonio e Isadora romántica como era entonces, le pareció que este proyecto en común colmaba todas sus ansias amorosas. Todavía no conocía lo que suponían las relaciones sexuales, por su edad estaba falta de experiencias amorosas, no había conocido nunca a un hombre de forma carnal, y que alguien a quien ella admiraba le pidiese en matrimonio le debió parecer la confirmación de que el poeta podía ser el hombre de su vida. La joven todavía se expresaba en esos términos absolutos sobre el amor. Joven, inocente y romántica como era entonces, dormía con la foto de su amado debajo de la almohada.

Pasado el verano angustioso y hambriento en Chicago, decidieron de nuevo viajar y probar mejor suerte en otro lugar. Nueva York se perfilaba como el mejor destino pero de nuevo carecían de medios para comprar los billetes. Un día leyó en un periódico que la compañía teatral de Augustin Daly había llegado a la ciudad. Eso era lo que necesitaba, así que se presentó muchos días para ser recibida por el conocido Daly, pero éste se negaba sistemáticamente a recibirla con la excusa de que no tenía tiempo. Una noche, es muy probable que aburrido de la insistencia de esa joven californiana, accedió a recibir a aquella tenaz muchacha que insistía en ser recibida exclusivamente por el director. Daly impresionaba por su mirada feroz de hombre de negocios, pero era simpático y fácilmente abordable, por otra parte, Isadora estaba decidida a conseguir un buen trabajo en su compañía. —*tengo una gran idea para usted, señor Daly* —le dijo (pg 47). *He descubierto la danza, un arte que ha estado perdido durante dos mil años.* El discurso de la joven bailarina en el que explicaba sus principios revolucionarios, dejó boquiabierto al empresario que no supo qué contestarla. Finalmente le ofreció un puesto de pantomima en una obra que iba a representar en Nueva York y en la que también participaba su gran estrella, la actriz Ada Rehan.

Locas de contentas por el nuevo contrato sólo les faltaba conseguir el dinero para comprar los billetes. Isadora siempre resuelta a solucionar cualquier impedimento escribió a una conocida de San Francisco que amablemente le prestó la suficiente cantidad de dinero cómo para que todo el clan Duncan pudiese ir hasta Nueva York. Todo empezaba a salir bien. Al fin se iba a reconocer el talento de Isadora. Miroski quedó muy desilusionado en cuanto se enteró de la marcha de su amada. Se juraron amor eterno y que en cuanto el triunfo fuera un hecho iría a buscarlo para casarse con él. Isadora no creía en el matrimonio pero su madre sí. Todavía no había enarbolado la bandera del amor libre que sería una de sus señas de identidad más notorias.

Todos estaban en Nueva York irradiando felicidad. Encontraron alojamiento para toda la familia en la Sexta Avenida. Isadora volvió a presentarse ante Daly, quién volvió a ofrecerle un papel de pantomima junto a Jane May que venía de París. Isadora estaba desilusionada. Tantas ambiciones para nada. Casi a modo de ruego le repitió el mismo discurso tratando de explicarle cuáles eran sus ideales y qué pretendía transmitir con su danza. A Daly todas aquellas consideraciones le parecían una pérdida de tiempo, allí estaba dispuesto un papel, la cuestión era aceptarlo o no. La joven firmó el contrato con ciertas reservas pero ya en el primer ensayo percibió que aquello no iba a poder funcionar correctamente. La actriz principal, Jane May, siempre estaba colérica y a Isadora aquel trabajo le parecía una auténtica estupidez indigna de sus ideales: *cuando me dijeron que debía señalarla* (a Jane) *con el dedo para decir usted, apretar mi corazón para decir amor y golpearme violentamente el pecho para decir yo, el espectáculo me pareció completamente ridículo. Y, como no tenía ninguna convicción, lo hice tan mal, que Jane May se disgustó mucho* (pg 49).

Para Isadora la pantomima era algo absurdo, porque si alguien quiere hablar ¿por qué hacerlo mediante gestos que limitan? ¿Qué sentido tenía la pantomima para alguien que pretendía renovar el campo de la danza? Duncan proponía, al igual que Nietsche, *una imagen alegre del cuerpo como lugar de encuentro entre la cultura y la naturaleza* (*El arte de la danza y otros escritos,* edición de

24

José Antonio Sánchez, ed. Akal, pg16). Isadora pretendía como primer paso a desarrollar, liberar al cuerpo de los efectos deformantes que sobre él había ejercido la historia de la civilización occidental. Se trataba de recuperar lo que ella llamaba el movimiento natural, el homenaje al cuerpo como fuente de placer y cultura. Isadora, al igual que otros reformadores escénicos de su época, deseaba una vuelta al desnudo, como ideal artístico, es decir, una vuelta a la naturaleza salvaje en la que se reivindicaba el desnudo cómo el instrumento más noble del arte. Isadora bailaba descalza y envuelta en unas telas que muchas veces mostraban más de lo permitido en la época, pero los espectadores no se sentían provocados eróticamente, sino que su danza estaba imbuida de una especie de sentimiento religioso que dejaba traslucir los sentimientos y los impulsos interiores. Era como una especie de *medium para la mente y el espíritu* (Daly, 69. *Libro del arte de la danza,* pg 18).

La nueva bailarina de Duncan es cuerpo-pensamiento de una nueva sociedad democrática, que ha asumido la igualdad, la transformabilidad y la intercambiabilidad de todas las cosas, como no distingue entre sensibilidad y espiritualidad, y que se presenta como premonitoria de una relación equilibrada entre civilización y naturaleza. De todas partes de su cuerpo irradiará la inteligencia, trayendo al mundo el mensaje de los pensamientos y aspiraciones de miles de mujeres. Ella bailará la libertad de la mujer (El arte de la danza, pg 19).

Isadora siempre defendió el cuerpo como un lugar de encuentro con el placer. Ya bastante nos hace sufrir nuestro propio cuerpo con las enfermedades y otras dolencias físicas como para que además deseemos rechazar las sensaciones placenteras que el mismo nos puede proporcionar. El cuerpo, a través de sus sensaciones sensuales de plenitud y gracias a la danza y a la entrega amorosa, es el vehículo más natural e inmediato de lograr la felicidad. En sus memorias Isadora se expresa en estos términos: *El divino cuerpo pagano, los labios apasionados, los brazos abandonados, el suave sueño refrescante sobre los hombros del ser amado: todos estos placeres me parecían deliciosos e inocentes* (pg 269). A ella le parecían naturales todas las sensaciones de placer que le proporcionaba su cuerpo en conjunción con su mente, pero como también sabía, existían personas que se escandalizaban simplemente con oír esta posibilidad.

Los ensayos con Jane May proseguían torturando a Isadora, quien pese a la repugnancia que le producía el espectáculo, recordando el hambre y las penurias que pasó junto a su madre en Chicago y sabiendo lo que dependía su familia de sus triunfos más inmediatos, utilizó su poderosa fuerza de voluntad para aprenderse el papel bastante bien. Isadora recuerda el día del estreno, cuando iba vestida con un traje Directorio azul y una peluca rubia. Su madre, sentada en la primera fila quedó decepcionada enseguida, pero eso no fue lo peor, sino que mientras habían durado los ensayos, la joven bailarina no había cobrado nada, y por la tanto, sin dinero ni ningún objeto que pudiera ser empeñado, la familia fue desalojada de la pensión. ¿Tanto esfuerzo y sacrificios para ese resultado tan pobre e indigno de su talento? Consiguieron de nuevo alojamiento en la calle 180, pero el teatro de Daly se encontraba en la 29, por lo que Isadora tenía que darse largas caminatas diarias para llegar al trabajo, mientras se distraía de muchas formas utilizando la fuerza de su imaginación, saltando por el fango o andando entre las piedras. Cuando llegaba la hora de comer, Isadora recuerda que se escondía mientras los demás almorzaban y que aprovechaba este ayuno involuntario para descansar y retomar con mayores bríos los ensayos vespertinos. Así siguió sin cobrar nada hasta una semana después del estreno. Un día la compañía salió de gira por otras localidades. En esta ocasión la paga ascendía a quince dólares por semana, cantidad suficiente para cubrir los mínimos gastos de alojamiento y manutención y enviar una parte a su familia. Isadora y el resto del clan Duncan vivía realmente sobreviviendo cada día. Para ellos era algo habitual llegar a una nueva ciudad y caminar kilómetros y kilómetros buscando la pensión más barata. Isadora había calculado que no se podía gastar más que cincuenta céntimos diarios, una cantidad irrisoria ya en la época, pero ella estaba acostumbrada a sobrevivir con muy pocos recursos. El lujo y las comodidades que hoy nos rodean o anhelamos, eran sustituidas por la imaginación y el trabajo artístico. Realmente no deja de sorprendernos la fortaleza y el tesón que mostraban todos los Duncan. A pesar del hambre, el frío, el cansancio, el duro trabajo y el poco reconocimiento público que lograron en sus comienzos, nunca desistieron de su empeño en triunfar en el arte. Amparados en el seno familiar, impulsados por el carácter de su madre, los Duncan en general e Isadora en particular, poseían una personalidad luchadora y una seguridad personal tan aplastante, que consiguieron muy pronto ayuda para encontrar su verdadero camino en el difícil y elitista mundo del arte.

Isadora tenía recuerdos apesadumbrados de estas primeras experiencias laborales. La gira con la compañía de Daly constituyó un duro aprendizaje de lo que suponía el teatro de «carretera», yendo de un lugar a otro, viviendo en el límite de la pobreza, soportando todo tipo de comentarios y alojándose en las más extrañas pensiones. Un día Isadora tuvo que pasar la noche en una habitación sin llave de una cochambrosa pensión, mientras los hombres que también se alojaban en ella, borrachos, hacían verdaderos esfuerzos por introducirse en su habitación y aprovecharse de la belleza y juventud de Isadora. Alarmada consiguió bloquear la puerta, pero no durmió en toda la noche. Estas experiencias tan poco gratificantes y peligrosas la curtían y la preparaban para la vida, aunque no dejaban de alarmarla. Mientras, proseguían los ensayos diarios de pantomima. Jane May era una mujer con cierto talento pero con un carácter muy irascible y perfeccionista, que parecía no estar jamás satisfecha de su propio trabajo ni del de los demás. Isadora tenía un temple tranquilo, no solía alterarse, mantenía la compostura incluso en las situaciones más difíciles. Cuando Jane May se alteraba, que solía ser muy frecuentemente, la joven simplemente se ponía a leer. La lectura fue una constante de su vida que nunca abandonó. Otras veces en medio de una trifulca o en cualquier descanso, escribía largas cartas a su enamorado Miroski que la estaba esperando impaciente.

Tras dos meses de fatigas, la compañía volvió a Nueva York con un saldo negativo. El fracaso económico obligó a la actriz principal, Jane May, a regresar enseguida a París. Daly le propuso entonces, ante la insistencia desesperada de una Isadora que veía cómo peligraba su trabajo, bailar en otra compañía un fragmento de la obra *El sueño de una noche de verano* con música de Mendelssohn. Isadora tenía que vestirse con una túnica blanca a la que adherían dos pequeñas alitas hechas de papel. Isadora se quejó de este accesorio, ¿por qué coser alas al vestido cuándo ella era perfectamente capaz de sugerir la idea de ligereza con sus movimientos? A pesar de sus protestas con respecto a estas dos alas, estaba contenta. Hasta ahora nunca había tenido la oportunidad de bailar frente a un público de verdad. Ahora sí que podía demostrar toda su valía artística. Su pequeño baile fue un auténtico éxito, el público, según narra la propia Isadora en sus memorias (pg 53) *estalló en aplausos al término de su actuación.*

Ufana, gozosa, Isadora pensó que por fin Daly le felicitaría y le daría una oportunidad de desarrollar su carrera como bailarina. Pero cual fue su sorpresa cuando lejos de felicitarla por su triunfo, la regañó y la obligó a que en las sucesivas representaciones bailase en la más absoluta de las oscuridades, por lo que el público, a partir de entonces, apenas podía distinguir, entre la negrura del escenario, unas telas blancas que se movían al ritmo de la música.

La música fue algo fundamental en la vida de Isadora. Si la danza quería elevarse al rango de arte autónomo y recuperar su carácter transmisor de los sentimientos humanos, no podía utilizarse, a juicio de Isadora, todo tipo de música, sino que era imprescindible hacer una selección de calidad, buscar una música que acentuara y estuviera en íntima conexión con los movimientos naturales que ella pretendía traslucir con su danza. Isadora, lectora insaciable de filosofía y literatura, capaz de leer las obras de Marco Aurelio en medio de un ensayo de pantomima sin perturbarse, era igualmente, gracias a las enseñanzas constantes de su madre, una experta en el arte de la música. Para ella la mejor música era la de J.S. Bach, Gluck, Beethoven, Chopin, Mendelssohn y Wagner, es decir, sus compositores favoritos eran los de su madre, autores del período Barroco, Clásico y Romántico, que configuran lo que se ha ido conociendo con el nombre de repertorio clásico. Isadora aborrecía todos los ritmos marcados de la música popular de su época, le parecían frívolos, mecánicos, salvajes, odiaba la música de *jazz*, la de Debussy y en general, se mostraba muy reacia a admitir cualquier novedad melódica o rítmica que se apartase de este canon clásico tan admirado y querido. La música fue utilizada siempre como un medio para poner en movimiento la emoción, el cuerpo, la imagen. La coreografía no tenía que reflejar la música, la danza quería recuperar su autonomía, ser independiente de la música de la que sólo se servía como vehículo de transmisión. En realidad, Isadora permanecía en este aspecto anclada en el post romanticismo de finales del siglo XIX, ya que al igual que grandes compositores como Wagner, lo que quería era lograr la unificación de las artes en el drama. Fusionar en el todo dramático la música, la danza y la poesía, es decir, recuperar el concepto de *musiké* griego con todo su significado. No podemos olvidar a este respecto, que las ideas que proponía Isadora estaban enmarcadas dentro de un contexto de renovación de las artes dramáticas. Otros artistas, al igual que ella, propusieron desde diferentes parcelas artísticas y en momentos distintos, recuperar el sentido dramático clásico. Muchas artes como la música y la danza, razonaban, habían sido expulsadas del teatro burgués. Ahora era el momento de recuperar la dimensión dionisíaca en la tragedia (de la que habló Nietzsche), que en la antigüedad estaba asociada al coro. Además de Isadora tendríamos que nombrar a artistas como Adolphe Appia, Jacques-Dalcroze y a Georg Fuchs que instaba a una recuperación de la danza como expresión artística y espiritual por parte de los artistas y de la cultura popular (*El arte de la danza*). Baste, como ejemplo de lo dicho anteriormente, estas palabras de la propia Isadora: *He aquí lo que estamos tratando de conseguir: combinar un poema, una melodía y una danza, de modo que ustedes no escuchen la música, vean la danza u oigan el poema, sino que vivan en la escena y en el pensamiento que todos ellos expresan (El arte de la danza, pg 171).*

Isadora continuó realizando su baile del hada del *Sueño de una noche de verano* durante dos semanas más por veinticinco dólares a la semana. Sin duda, sus esperanzas de ver reconocidos sus talentos en esa compañía estarían agotadas, pero había que subsistir trabajando en algo, y más valía bailar fuera en la oscuridad, delante del público con unas alitas absurdas, que realizar cualquier otra trabajo que le apartase aún más de lo que ella con plena seguridad adivinaba como el objetivo de su vida: transformar la danza en un arte casi religioso. *La danza no es una diversión, sino una religión* (*El arte de la danza,* pg 173), es la vida en sí misma, es el movimiento de la naturaleza, es la flor de la vida, es el arte que liberará la mente y el cuerpo, que ayudará a las mujeres a escapar de la prisión de sus corsés, es el éxtasis dionisíaco que todo lo arrastra.

La nueva compañía volvió a salir de gira. Y otra vez a los míseros alojamientos, a padecer la pobreza y la mezquindad humana. Durante la gira pararon unos días en Chicago. Fueron esos días momentos de felicidad para Isadora, que pudo volver a ver a su amado Miroski y retomar los largos paseos y las infinitas conversaciones con el poeta polaco. Antes de regresar a la gira prometió al poeta polaco que en cuanto volviese de nuevo a Nueva York se casarían. Por fortuna, uno de los hermanos de Isadora tuvo la ocurrencia de investigar en la vida del poeta y descubrió que tenía una mujer en Londres. La madre, al saber la noticia, alarmada, insistió en la separación definitiva. Terminaba así para siempre la primera relación amorosa de Isadora. Entre ensayos y giras transcurrió todo un año. Un período de prueba bastante duro, infértil, desolador, desgraciado. Isadora se consolaba con sus lecturas de filosofía estoica, con sus sueños, pero la evidencia le decía que todas sus pretensiones artísticas estaban todavía muy lejos de hacerse realidad, si es que algún día conseguía verlas. La artista principal de la compañía de Daly era la actriz Ada Rehan, una mujer bella, inteligente y con gran talento. La observadora joven critica en sus memorias su gran orgullo y reserva. La costumbre de la protagonista era ignorar por completo y con cierto desprecio al resto de los actores y actrices de la compañía, que ella calificaba, sin ningún pudor, de nulidades delante del empresario. La perspicacia de Isadora enseguida comprendió que bajo ese manto de antipatía se ocultaba el miedo a la vejez y a ser desbancada por una de las muchas bellas jóvenes que Daly iba contratando para sus giras. Maliciosamente Isadora insinuó que el verdadero problema de Rehan era que tenía cincuenta años y que sentía unos terribles celos de todas las demás actrices que Daly contrataba frecuentemente y a las que daba un tratamiento un poco especial delante de su estrella. Estando toda la familia reunida de nuevo en Nueva York, se alojaron en un estudio en Carnegie Hall. El estudio tenía baño pero era muy pequeño. Compraron cinco somieres que cubrían durante el día con cortinas sujetas en la pared. Salvo el piano, que era alquilado, no poseían nada más, ni siquiera unas sábanas o algún tipo de ropa especial que les hiciera más hogareña la existencia. Isadora bailaba todas las noches mientras su madre le acompañaba al piano. Durante el día el estudio lo tenían alquilado para cubrir gastos a diferentes profesores de canto, dicción y música. La familia al completo salía durante todo el día a realizar sus diferentes quehaceres o simplemente a deambular tranquilamente por la ciudad. Augustin, el hermano mayor, proseguía trabajando en el teatro, Elisabeth, dando clases de música y danza, y Raymond iniciaba por aquella época su carrera como periodista.

Un día, el empresario Daly le propuso a Isadora cantar en un coro algunas partes de una obra, titulada *Geisha*. Isadora nunca había cantado una sola nota, es más, se sentía totalmente incapaz de hacerlo a pesar de las enseñanzas musicales de su madre. Pero ella tenía que conseguir dinero y colaborar con todos los gastos familiares, así que firmó el contrato. Sus compañeras del coro muy pronto empezaron a protestar porque Isadora las hacía desafinar y entonces ella, sin apenas molestarse, decidió quedarse quieta y adoptar una bonita posición con su boca abierta. La madre, según los recuerdos de su hija, quedó extrañada al observar a su hija cantando en el coro ¿Cómo era posible que Isadora fuera la única cantante del coro que abría su boca de forma tan hermosa mientras las demás realizaban feos gestos que deformaban la belleza del rostro? Sencillamente Isadora no cantaba, disimulaba, y la madre ni siquiera se había enterado de todas las triquiñuelas que su encantadora e inteligente hija estaba utilizando.

Realmente la joven era muy paciente a pesar de su edad y sus ambiciones, pero incluso ella, que era la tranquilidad personificada, no podía soportarlo más. Ya llevaba cerca de dos años trabajando para Daly y en todo ese tiempo no había conseguido nada positivo, tan sólo aprender a odiar al teatro. Una tarde, agotada por el esfuerzo que le suponía trabajar en este tipo de actividades tan alejadas de su ideal, Daly se la encontró tumbada llorando en un palco del teatro. El empresario sorprendido le preguntó que qué la ocurría y la imperturbable Isadora le replicó sin ningún pudor que no podía soportar por más tiempo toda la estupidez de lo que se representaba en su teatro. Daly le confesó que tampoco a él le gustaban todas aquellas representaciones pero que si las hacía era simplemente pensando en los beneficios que podía obtener en taquilla. *Y para consolarme, Daly deslizó una mano por mi espalda; el gesto me desagradó, francamente. ¿Por qué —le dije —me tiene usted aquí con mi talento sin hacer ningún uso de él?* (*Mi vida,* pg 56). Días más tarde Isadora presentó su dimisión y nunca más supo nada de Daly.

Todas las noches bailaba Isadora en su estudio acompañada, como siempre, por su madre al piano. A Isadora le criticaron en más de una ocasión que bailaba sin ningún tipo de técnica, y eso no es cierto. Desde pequeña aprendió de forma autodidacta cuál era la mejor manera de trabajar su cuerpo y qué era lo que buscaba conseguir con este arte tan personal. Ella no estuvo nunca interesada en la enseñanza codificada, prefirió seguir un método educativo más abierto que dejase al niño descubrir por sí mismo cómo era su cuerpo y qué movimientos le eran más naturales. La técnica del ballet clásico que era la más extendida en los Estados Unidos de Norteamérica le parecía una atrocidad porque iba en contra de sus más sagrados principios artísticos. Isadora gustaba de cuidar su cuerpo, hacía ejercicios de flexibilidad, de agilidad, pero sólo en la medida que éstos eran indispensables para sus danzas. Jamás invirtió los términos y osó convertir los ejercicios técnicos en la máxima finalidad de su arte. Ella buscaba la belleza más profunda de las cosas, no utilizaba joyas ni maquillaje, ni siquiera ropas más o menos elegantes. Solía ir vestida con ropas muy amplias pero finas y semitransparentes que dejaban mover su cuerpo con entera libertad.

Fue por aquel período cuando descubrió la música de un joven y desgraciado compositor norteamericano llamado Ethelbert

Nevin que moriría muy pronto por una grave enfermedad. A Isadora le apasionó enseguida su obra y se dispuso, veloz, a danzar aquella música que ella comparaba con la obra de los grandes genios románticos como Chopin. Un día se presentó en su estudio el compositor muy iracundo porque se había enterado que estaban bailando su música sin su consentimiento y a saber cómo. Isadora le recibió apaciguadora y feliz de poder conocer a aquel hombre y bailó para él su *Narciso*, su *Orfeo*, su *Ofelia* y *Las ninfas del agua*. Nevin se quedó paralizado, aquella danza era precisamente lo que él había tratado de expresar con su música, ¿quién era esa extraña criatura encantadora que danzaba de esa forma? Emocionado, fuera de sí, la abrazó e inmediatamente improvisó una pieza en el piano para ella, *Primavera*. Por fin conocía a un alma gemela. Aquel mismo día le propuso que danzase con su música en una pequeña sala de Carnegie Hall. Él se ocuparía de todos los trámites del alquiler, publicidad y distribución del programa. El éxito fue fulminante. La asociación funcionaba perfectamente, tenían los mismo, ideales artísticos, ensayaban todas las noches en el estudio de Isadora, pero la absoluta falta de sentido práctico, y la terrible enfermedad de Nevin hicieron imposible su prosecución.

Tras varios años de desesperación, el destino seguía cruelmente tomándose una sádica revancha. *¡Qué pena —dijo Isadora —que no se haya escrito Primavera de Nevin!, por esa causa se ha perdido.* Pero, ¿quién conoce hoy en día a ese compositor? Gracias a los primeros éxitos en el Carnegie Hall a Isadora se le empezaron a abrir distintas puertas que le daban un halo de esperanza. La alta sociedad estaba ahora interesada por el arte de Isadora, pero ¿estaba realmente interesada o era otro más de sus caprichos? Probablemente más lo segundo que lo primero. En general, la alta sociedad todavía concebía en muchos casos a principios del siglo XX a un artista como un ser inferior con categoría de criado. A pesar de que desde mediados del siglo XIX, tras las guerras napoleónicas, la liberalidad de las artes era un hecho, en la práctica, la servidumbre del artista se mantuvo hasta bien entrado el siglo XX, sobre todo en la danza. Fuera como fuere, el caso es que Isadora no se quiso perder la oportunidad de bailar en los salones de todas aquellas grandes damas de la sociedad norteamericana, empezando por la señora Astor, que tenía categoría de reina en aquellas tierras y terminando por todas las Vanderbilts, Belmonts, Fishes y otras grandes familias pudientes del momento.

La señora Astor la introdujo un verano en su villa de Newport en todo aquel ambiente aristocrático. Aquellas damas parecían encantadas con su arte, con su belleza, pero a la hora de pagar no había nada que hacer. Eran señoras muy ricas, pero igualmente muy tacañas, que solamente pagaban, en el mejor de los casos, los gastos del viaje y del alojamiento de Isadora, su hermana Elisabeth y de su madre. La crueldad de estas «bondadosas» damas era insufrible. A veces le recalcaban a la joven artista todo el dinero que habían conseguido para la beneficencia mientras ella, sin comer durante varias días, las escuchaba sin decir palabra. Los Duncan tenían orgullo, y por nada en este mundo hubieran dado muestras de debilidad. En los salones se comía en exceso, pero Isadora ya podía estar desfallecida que no se lamentaba, además, todas aquellas ricachonas no poseían ninguno de los valores más admirados por Isadora, como el sentido artístico. A la amarga decepción por el mundo del teatro descubierto en la compañía de Daly se le sumaba ahora el recelo que sentía hacia la alta sociedad fría e inculta de Norteamérica.

En ninguna de las ciudades estadounidenses comprendía nadie su arte y cuáles eran sus objetivos. Ni en California, ni en Chicago ni siquiera en Nueva York encontró a nadie con simpatía y con inteligencia que apoyara decididamente sus ideas. Isadora comenzó a desear de nuevo irse a otro lugar, salir de su adorada América, pues ésta no había alcanzado el grado de madurez necesario para comprender el grado revolucionario de su arte. Su próximo destino sería Europa, concretamente la ciudad de Londres, capital del Reino Unido, país de muchos de sus adorados poetas y dramaturgos. Sólo les faltaba conseguir el dinero para comprar los cinco billetes y no perder la esperanza.

Mientras Isadora se desesperaba, la escuela de música y danza de su hermana Elisabeth funcionaba bastante bien y con buen provecho. Gracias a ella y a otros ingresos esporádicos que iba consiguiendo el resto del clan familiar, pudieron mudarse en poco tiempo al hotel Windsor, en dónde alquilaron dos grandes habitaciones situadas en el entresuelo del mismo edificio. Los Duncan nunca se habían distinguido por sus inclinaciones hacia el ahorro, sino más bien por la aniquilación total y sin reflexión de todos sus emolumentos. El hotel suponía el 90% del total de la suma de todos los ingresos, es decir, que pagando el hotel les quedaba una cantidad insuficiente para sobrevivir. Todo lo que ganaban lo gastaban inmediatamente,

El hotel, además de muy caro, era muy triste. Por lo menos ese es el recuerdo de la artista, quien comentó en sus memorias que, *estando en este lugar se te quitaba la alegría de vivir.*

Había que volver a mudarse. Por desgracia un incendio fortuito desalojó a toda la familia del hotel. Los Duncan perdieron todas sus pertenencias, incluyendo los últimos retratos de familia. Refugiados en el hotel Buckingham volvían a la misma situación de años atrás; solos, con la ropa puesta y sin un penique. Así parecía quererlo el destino, según Isadora. Había que tener paciencia y tesón.

El siguiente acontecimiento importante que la propia Isadora recuerda en sus memorias, es la marcha de su hermano mayor. Augustin un buen día les anunció que se casaba. La noticia conmocionó al clan. Todos, excepto Isadora que es la narradora y que se concede siempre cierto protagonismo positivo, vieron esta boda como una amenaza y una traición. Si habían sobrevivido a los duros momentos era gracias a esta unión familiar. Ellos mismos se veían como unos náufragos en medio de una sociedad que no les comprendía ni valoraba en su justa medida. La noticia sentó muy mal; la madre al enterarse corrió a encerrarse bajo llave en su habitación negando la realidad. Todos estaban histéricos, se escondían, no dejando al hermano mayor la posibilidad de darles una explicación. Nadie salvo Isadora, quiso entonces enterarse del por qué de su matrimonio. Le miraban como al fracasado, el que se retira antes de tiempo… ¿y por qué? ¿ para casarse con una casi adolescente de dieciseis años? Isadora fue la única de la familia que no le despreció, intentando al menos comprender qué era lo que le había empujado a tomar tan «terrible» decisión. No olvidemos que toda la familia estaba muy marcada por el divorcio de sus padres y que después de haber padecido todos las crisis matrimoniales y post matrimoniales de sus progenitores, lo que ninguno deseaba, ni siquiera para sí mismo, era caer en las garras «de una relación matrimonial» que ellos automáticamente identificaban con la destrucción de sus esperanzas artísticas.

Isadora, al igual que hiciera con su padre cuando se presentó de repente un día en la casa de su madre, accedió a acompañar a su hermano a su nueva casa para conocer a su prometida Julietta. La sorpresa para la joven fue mayúscula; la futura esposa estaba esperando un niño. El hermano mayor con el que tantas cosas habían compartido, les dejaba al estar su novia esperando un hijo, muy probablemente no planificado.

Pasado el disgusto inicial, todo el esfuerzo se dirigió a la búsqueda del preciado dinero que les llevaría a otro lugar más reconfortante e inteligente en el que poder llevar a cabo todas sus novedosas ideas. Y quien mejor para pedir dinero a las familias aristocráticas que acababan de conocer que la joven Isadora, acostumbrada desde su infancia a desplegar todo su encanto e inteligencia cuando se necesitaba.

Isadora se encaminó a la calle 59, allí vivía una de las conocidas aristócratas. Fue bien recibida, con educación. Isadora le relató con todo lujo de detalles a su anfitriona todos los acontecimientos que había sufrido la familia, incluido el incendio del hotel Windsor. La narración surtió el efecto deseado y la aristócrata conmovida firmó un cheque. A la joven le pareció que todo iba a ser más fácil de lo esperado, pero no era así. Su sano optimismo le volvía a traicionar de nuevo. Al despedirse y regresar andando hacia el estudio donde la esperaba su familia, miró el cheque que era de ¡cincuenta dólares!, una cantidad irrisoria. A este paso necesitaba realizar muchas visitas de alta alcurnia. De la calle 59 se dirigió a la Quinta Avenida. El recibimiento fue menos cordial y educado, ya que la anfitriona le criticó su falta de estudios clásicos —*si usted hubiera estudiado ballet no se encontraría en esta situación tan penosa*— parece que le dijo. Isadora no se dio por enterada, sabía muy bien qué hacía en esa casa, necesitaba el dinero para viajar a Londres, así que tragó con los comentarios y se fue feliz con otro cheque de cincuenta dólares en sus manos. *Cuando sea famosa ya me lo devolverá,* le insinuó la aristócrata al despedirse. Isadora, por supuesto, jamás le devolvió la deuda, sencillamente esa mujer rica no necesitaba la devolución.

Pese a los triunfos conseguidos, faltaba mucho **dinero**. Tenían que conseguir reunir unos trescientos dólares para comprar los cuatro pasajes rumbo a Londres. El tiempo apremiaba. Los Duncan necesitaban que sus deseos se hicieran realidad lo antes posible, porque ¿esperar para qué? Raymond también se había movido por su cuenta tratando de conseguir los pasajes. Ya sabemos que todos los Duncan actuaban juntos y se trasladaban unidos allá donde fuese necesario. Investigando en los barcos que zarpaban hacia Inglaterra había conseguido, gracias a sus dotes oratorias, que un carguero los permitiese viajar junto al ganado por muy poco dinero.

El viaje fue épico, horroroso. El ganado, asustado por el movimiento del barco en alta mar, estaba todo el día bramando, golpeándose los cuernos desesperadamente. Los Duncan permanecían alegres por el triunfo del viaje, pero aquel insoportable ruido constante los volvía locos. A falta de alimento comían buey salado y té. Los Duncan se inscribieron con el apellido materno, seguramente no querían tener problemas si los detectaba algún control policial en las fronteras, ya que viajaban escondidos sin ningún tipo de documentación. Maggie O'Gorman, nombre durante la travesía de nuestra protagonista, era feliz junto a su familia, esperanzada con las nuevas posibilidades que se le abrían en el Reino Unido, contenta y segura de su talento, feliz de vivir libre y de tener tantas oportunidades para viajar y conocer el mundo. En sus memorias, Isadora, segura ya de su belleza y del impacto que causaba en los hombres, relata muy brevemente como un marinero irlandés quedó enamorado de ella hasta el punto de pedirla en matrimonio.

La travesía puso punto final en mayo al desembarcar en el puerto de Hull. Desde allí el viaje prosiguió en tren hasta Londres, fin del trayecto.

Los Duncan no sabían lo que significaba para el resto de los mortales tener tranquilidad. Enseguida se anunciaron en el *Times* solicitando trabajo, pero ya sabemos que no se trataba de un trabajo cualquiera, sino que buscaban algún empresario que tuviera a bien financiarles sus proyectos con plena confianza y sin ningún tipo de inseguridad previa. Alquilaron muy pronto una habitación cerca de Marble Arch, y se dispusieron a visitar toda la ciudad. Eran tantas las ganas de llegar a Londres, que no pudieron por más tiempo aguardar a conocer todos los tesoros que escondía la famosa ciudad británica: la abadía de Westminster, el Museo Británico, la Torre de Londres, el Museo de South Kensington, la Towel Brigde, etc. Vivieron unos días como siempre habían soñado, sin preocuparse de buscar dinero, sin pagar el alquiler, tan sólo dedicados a dar rienda suelta a sus placeres de conocimiento y diversión. El final era previsible, les echaron de la habitación por impago. Con tan sólo seis peniques y ni una sola oferta de trabajo, ¿qué hacer entonces? Los problemas económicos nunca fueron un grave problema para el clan de artistas, que por otra parte gustaba de alardear de despreciar el lujo y cualquier comodidad material. La madre les enseñó que las joyas estorbaban, que roban parte de tu felicidad y que la búsqueda del vil metal a lo único que conduce es a la destrucción de la alegría de vivir, a la pérdida de la libertad. De acuerdo, no tenían dinero, ni a donde ir, ni nada que comer, pero estaban felices de estar juntos. Estaban muy habituados a padecer estas incomodidades. Lo importante para ellos era permanecer juntos e idear grandes proyectos. Como no se podían permitir el lujo de pagar ningún alojamiento, durmieron durante tres días consecutivos en los bancos de distintos parques de Londres. La policía terminaba por echarles siempre. Eran un espectáculo poco digno para los respetables transeúntes londinenses. Eran unos vagabundos sin trabajo, unos indocumentados que sobrevivían comiendo pequeños trozos de pan. Asombra pensar que bajo tales circunstancias, pudieran conservar intactas la vitalidad y esa desbordante alegría contagiosa. Todos los días reunían las fuerzas necesarias para visitar el Museo Británico. Las visitas a las museos eran diarias. Allí podían permanecer extasiados durante largas horas, contemplando devotamente la cerámica y la escultura griega que les sorprendía e inspiraba hacia nuevos rumbos artísticos. Además de la contemplación artística, los Duncan fueron grandes lectores. Isadora leyó por aquella época hasta la saciedad las obras de Winckelmann, en concreto, su libro dedicado a su viaje por Atenas. Pero el hombre no puede vivir sólo de ideas y de esperanzas. Comer solamente pan les había dejado debilitados, dormir en los bancos podía ser un plan de emergencia, pero hasta la persona más resistente termina por cansarse de esa solución de emergencia. No, decididamente había que conseguir dinero. Isadora, la más intrépida de la familia, les condujo un día a uno de los mejores hoteles de la ciudad. Con su gracia seductora y su talento verbal no le costó nada convencer al recepcionista de que aquellos hambrientos que tenía ante sus ojos, era en realidad una buena familia que estaba esperando a recuperar su equipaje que había viajado por tren. Alojados en una de las suites más lujosas, pudieron al fin descansar, bañarse y comer en la habitación todo tipo de manjares prohibidos durante mucho tiempo. Una vez saciados y descansados, escaparon durante la oscuridad de la noche sin pagar nada, por supuesto. Isadora, en su madurez, reflexionó acerca de todas estas experiencias juveniles. Ella entendió que los jóvenes fueran capaces de soportar más o menos bien todas estas penalidades, pasar hambre y frío, pero lo que no entendió nunca es cómo ni por qué las padecía su madre que era ya mayor y que tanto había sufrido. El sacrificio materno era para ella una incógnita totalmente incomprensible dentro de una filosofía de vida que busca el placer inmediato. Nunca tomó a su madre como un ejemplo a seguir, al revés, estupefacta por tanto sacrificio, siguió el camino de la libertad personal por encima de todo.

El azar, tantas veces nombrado por Isadora a lo largo de sus recuerdos, les era de nuevo favorable. Caminando por la calle hacia el cementerio de Chelsea, encontraron que en un trozo de periódico tirado en el suelo, una dama neoyorquina conocida anunciaba próximas recepciones en su domicilio de Grosvenor Square. Era la oportunidad que estaban esperando desde su llegada a Londres. Isadora no tenía nada que pensar. Rápidamente se encaminó hacia el domicilio de la neoyorquina y llamó con seguridad a su puerta. Una vez dentro de la mansión de la gran dama, le habló de su arte y sus proyectos, solicitando poder bailar en sus recepciones. La dama estaba encantada, ya conocía la capacidad admirable de Isadora para encandilar a la audiencia, conocía su talento, su energía y su seriedad en el trabajo. Por fin todo parecía ir bien. Isadora iba a volver a bailar de nuevo y además, la dama le había dado un anticipo de diez libras para poder comprarse algo de ropa y pagar una parte del alquiler de un nuevo estudio donde alojar a toda la tropa. El estudio estaba en King,s Road en Chelsea, una de las mejores zonas londinenses. El dinero no les llegaba para el mobiliario por lo que tenían que dormir en el suelo, pero vaya diferencia con los bancos de los parques. Además, necesitaban espacio libre para ensayar. Previniendo posibles cambios adversos en su frágil economía, compraron alimentos en conserva. Todo seguía igual.

Isadora se estrenó en las casa londinenses interpretando el *Narciso*, el *Ofelia* de su querido Nevin y la *Canción de la primavera* de Mendelssohn. En estas recepciones participaba toda la familia en pleno, Elisabeth leía poemas de diversos poetas entre los que se encontraba Teócrito, Raymond daba conferencias acerca de la danza y su influencia sobre la psicología e Isadora bailaba acompañada siempre por su madre. Nadie podía negar que era una familia culta de artistas que ofrecían calidad y originalidad en cada una de sus demostraciones públicas. El nivel intelectual que mostraban era demasiado alto para la gran mayoría del público que asistía, incluso para todas estas familias de la aristocracia inglesa, que debido a su educación, callaban sus impresiones o sus incomprensiones ante tanta calidad artística y originalidad. Isadora admiraba este carácter inglés símbolo de la buena educación. Nadie se inmutaba públicamente si ella de repente aparecía delante de todo el auditorio descalza y semidesnuda haciendo todo tipo de movimientos expresivos acompañados por la música, pero de igual manera Isadora intuía que tampoco estaban capacitados para comprender el mensaje que transmitía.

Estas recepciones le abrieron la puerta de todos los grandes salones londinenses, incluso llegó a bailar delante de la familia real bri-

40

tánica. En sus memorias (pg 68), cita este episodio como algo anecdótico sin ninguna importancia. A Isadora jamás le interesó el prestigio social que subyace detrás de todo reconocimiento público; ella tenía un objetivo más ambicioso: reformar la danza, elevar su estatus dentro de las artes dramáticas. El bailar delante de la familia real o para cualquier otra familia de alto nivel socieconómico suponía un medio y no un fin por sí mismo. Isadora estaba encantada de poder estar en Europa. En Londres se respiraba un ambiente más culto, fraguado a lo largo de la historia, del que América carecía por completo. Pero a pesar de esto, los aristócratas se comportaban con los artistas de forma muy similar. Para la mayoría de estas familias el dedicarse al arte suponía realizar una actividad servil de segundo orden, apta exclusivamente para llenar sus largos tiempos de ocio. Todos pensaban que el solo hecho de que Isadora y el resto del clan actuase bajo su atenta mirada, ya era más que un honor suficiente que no merecía ningún tipo de pago en metálico extra. A principios del siglo XX continuaba vigente en las grandes familias el concepto de arte como actividad servil, concepto que comenzó a disolverse tras las guerras napoleónicas, y contra el que lucharon todos los grandes artistas desde finales del siglo XVIII. Isadora relata incluso la extrema crueldad, eso sí, en parte ingenua, de alguna de estas grandes damas inglesas, que guiadas por un falso sentimiento caritativo, ofrecían generosas fresas y té a los artistas que, muertos de hambre la mayoría de las veces, no podían sino dar las gracias y apaciguar su angustia para mantener su orgullo intacto. Todas estas recepciones generaron en la familia de Isadora nuevos ingresos con los que comprar algunos somieres y colchones, sin duda más confortables que el duro suelo, y alquilar un piano. Mientras, todos los días proseguían incansables las visitas al Museo Británico. Allí Raymond realizaba croquis de todos los bajorrelieves y cerámicas griegas que iba estudiando minuciosamente, mientras su inseparable hermana Isadora, meditaba acerca de la creación de una danza que reflejase fielmente el espíritu dionisiaco presente en muchas de esas obras de la Antigüedad clásica.

Estando en Londres, Isadora se volvió a acordar de su querido Miroski. Hacía más de un año que había dejado de tener noticias suyas, cuando un día recibió una carta de un amigo de Chicago que le informaba de que el poeta polaco se había alistado como voluntario en la guerra hispanoamericana y que allí había perecido a causa de unas fiebres tifoideas. Isadora sufre una conmoción. Como muy bien ella recordaría años después, siempre se mantuvo fiel a todos sus amores, acordándose de ellos buenamente. El recuerdo del poeta reabrió sus experiencias americanas, no podía creer que su buen amigo hubiera perecido así, tan de repente. En el instituto Cooper empezó a leer y a recopilar todas las noticias publicadas en la prensa sobre esta muerte; hasta que pudo confirmarlo por ella misma no creyó firmemente que Miroski había desaparecido. La carta de su amigo de Chicago también le indicaba la dirección de la mujer del poeta. Isadora ya sabía que su amigo enamorado estaba casado y que su esposa vivía en Londres, esa fue la razón principal por la que su madre impidió el desarrollo de las relaciones entre su hija y el poeta.

Isadora no le contó a nadie que pretendía visitar a la viuda. Todavía, a esas alturas de su vida, le parecía inconcebible que Miroski dejase sola a su mujer en Londres sin decírselo. Años más tarde a Isadora todos estos pensamientos le parecerían absurdos, fruto de la educación puritana americana.

La casa de la viuda se encontraba muy lejos, a las afueras de Londres. Tomó un taxi, y tras recorrer muchos kilómetros se presentó en la casa. La impresión de Isadora era que todos esos edificios eran grises, oscuros, tristes y deprimentes. Le abrió la puerta una criada raquítica con el aire de estar muy enferma, y le condujo hacia la señora Miroski. En Isadora se mezclaban sentimientos de celos, y de sorpresa cuando la vio: una mujer muy menuda de ojos y cabellos grises, casi transparentes, muy pálida y triste. Le recibió muy cordialmente. La sorpresa de Isadora fue mayúscula en cuanto descubrió que la viuda estaba al tanto desde hacía años de la relación que la joven invitada tenía con su esposo. Miroski, según le narró la pobre mujer, había ido a Norteamérica en busca del deseado éxito. Esperaba reunirse con su marido después de que éste hubiera triunfado, pero su marido no reunió el dinero necesario y la mujer quedó en Londres sola, sobreviviendo con su escuela de niñas, mientras esperaba y esperaba noticias más alentadoras. Isadora no podía com-

42

prender cómo aquella mujer no se había reunido con su esposo, ¿por qué esperar a tener dinero?, ella nunca lo había tenido y su falta no le había supuesto una limitación en la realización de sus deseos. El contraste de su propia vida con la de la viuda era abismal. Isadora, siendo mucho más joven que aquella mujer, se había lanzado sin temor a viajes aventureros y arriesgados. Jamás comprendió Isadora a estas personas que esperan incansables a que un día se den las circunstancias perfectas para hacer lo que realmente desean. Isadora era de la opinión de que nunca hay que esperar en la vida para realizar lo que queremos. Esta forma de pensar es ciertamente muy impulsiva y temeraria y está a merced de generar desastres y mucho dolor propio y ajeno, pero al menos se logra la satisfacción personal de realizar nuestros caprichos. — ¿*Cómo*? —se preguntó Isadora (pg 71) ¿*pudo esa criatura, pobre y paciente, esperar, año tras año, a que un hombre que era su marido la mandara llamar?*

Pese a la tristeza por la muerte de su amigo el poeta, Isadora sentía el poder que le concedía su privilegiada inteligencia y su extrema juventud. Nunca comprenderá a todas estas personas que fracasan o que esperan inútilmente a que las cosas lleguen solas. En su edad adulta revisó este juicio que era demasiado rígido, se volvió más comprensiva con las debilidades y limitaciones del ser humano, pero la joven Isadora era muchas veces implacable, arrolladora e intransigente con las mentalidades más débiles, incultas y cerradas que la suya.

De esta forma fue pasando el tiempo. Con el dinero ganado poco a poco en las recepciones de los salones de la aristocracia, la familia Duncan pudo permitirse el lujo de alquilar un estudio amueblado mucho más amplio en Kensington. La alegría duró muy poco, y sin que supieran exactamente por qué, las invitaciones a las casas de la alta sociedad dejaron de prodigarse, y al cabo de un mes escaso, hacia el mes de agosto (habían alquilado el nuevo estudio en julio) se encontraron de nuevo sin dinero y sin ningún trabajo. Llegó el otoño y Elisabeth partió hacia Nueva York a trabajar en una escuela de niñas. Muchas madres reclamaban su regreso, encantadas de la enseñanza que recibían sus hijas. Elisabeth era alegre y generosa, como todos los Duncan, pero además era especialmente paciente, una cualidad muy importante para ejercer la enseñanza, en la que ella era una experta. Las madres de sus alumnas habían guardado un buen recuerdo de sus enseñanzas en Nueva York y ahora solicitaban de nuevo sus servicios añadiendo un aumento de sueldo sustancioso y otras ventajas económicas. El momento era perfecto. Toda la familia estaba sin trabajo. Elisabeth partió rumbo a América. Necesitaban dinero urgente y espacio para desarrollar sus sueños. Todos estaban convencidos de que muy pronto, el éxito alcanzaría a Isadora y a Raymond que se quedaban con su madre en Londres. Así que pensando en el triunfo, a pesar de la lógica tristeza por la partida de un ser querido, se mostraron muy contentos por el éxito de la profesora.

La familia Duncan se comportaba como una piña. Normalmente, cualquier alejamiento de uno de los miembros se vivía con plena angustia y tristeza. A pesar de los buenos pronósticos, después de la marcha de Elisabeth la familia se quedó destrozada. Isadora recuerda (pg 73) como unos días después de la partida estuvieron sumidos en la más absoluta de las depresiones. Quizás estas sensaciones depresivas se acentuaron por la mala alimentación basada exclusivamente en un plato de sopa al día, o por el frío londinense, o quizás por la falta de perspectivas laborales sustanciosas, pero el caso es que muchos días ni siquiera eran capaces de levantarse de la cama. El contraste con los primeros días en Londres era muy evidente. De la alegría contagiosa habían pasado en apenas un mes o mes y medio al abatimiento más absoluto. Es difícil saber cuántos días duró este período de decaimiento depresivo en el que lo único que podían hacer los Duncan era pasarse todo el día en la cama durmiendo, y en el que ni siquiera las visitas al Museo Británico podían aliviar un poco la tristeza. Un día recibieron una carta de Elisabeth en la que les enviaba dinero. Gracias a este inesperado ingreso pudieron mudarse a otra casita más alegre que tenía un trozo de jardín, y todo situado en la misma zona de Kensington. Una noche, bailando en el trocito de jardín que les correspondía con el alquiler de la vivienda, conocieron a una bella y refinada dama londinense que les sacó definitivamente del estado depresivo en el que se encontraban desde la marcha de su hermana. Era la señorita Patrick Campbell.

III. PARÍS

Patrick Campbell dio la vuelta a la mala fortuna de la familia Duncan. Isadora relata con cariño, cómo esta mujer les invitó a pasar por primera vez una auténtica tarde inglesa tomando el té con sandwiches, pan y manteca. Había algo entrañable en aquella señorita de mediana edad, bellísima, de cabellos y ojos negros, bien educada, que les ofreció sus tardes para recitarles poesías, tocar el piano e invitarles a merendar. Isadora se sentía como en su casa en aquel ambiente culto y refinado. La casa de la señorita Campbell estaba adornada por cuadros de Burne Jones, Rosetti y William Morris que demostraban su nivel cultural. Poseía también una excelente biblioteca particular que sorprendió gratamente a la joven bailarina. La admiración de Isadora por la cultura británica aumentó en esas tardes tranquilas, civilizadas, en esa atmósfera de confort y sencillez que siempre admiró pero que tan pocas veces pudo disfrutar en su vida. Fue entonces cuando realmente conoció el carácter de la servidumbre inglesa. Los criados de las mejores familias de Londres estaban generalmente orgullosos de su condición servil, para ellos era un honor el estar al servicio de estas familias, continuar la tradición inalterada en el transcurso de los siglos. Nada tenían en común los criados que había conocido en las familias de alta alcurnia norteamericana. Si los primeros se sentían parte importante del mantenimiento de la paz y la estabilidad de las costumbres, los segundos solían desear librarse de su condición y procurar por todos los medios disponibles un ascenso social. Isadora de alguna manera manifestó su opinión favorable hacia los primeros que para nada se sentían avergonzados de su servidumbre, ya que: *es un sistema que forma parte de un estado de cosas que contribuye a la tranquilidad y seguridad de la existencia* (pg 75). A través de la señorita Campbell comenzaron a tratar a la señora George Wyndham, quien organizó en su salón una función nocturna a la cual asistió casi toda la gente dedicada a la literatura y al arte en Londres. Fue allí donde Isadora conoció al tercer hombre que le habría de dejar una profunda huella: ese hombre se llamaba Carlos Hallé y era el hijo de un famoso pianista de la época.

¿Por qué se enamoró tan apasionadamente de este hombre de cincuenta años cuando tenía a su alcance a cualquiera con más belleza, encanto y juventud? Isadora se nos muestra coqueta en sus memorias: *fue raro que no me atrajera ninguno de los hombres jóvenes a quien conocí entonces, todos los cuales me hacían, sin excepción, la corte* (pg 75), pero es que a Isadora, a pesar de buscar incesantemente la belleza de las cosas, se la enamoraba a través del estímulo intelectual. Para ella, salvo en momentos puntuales de hervor sensual y erótico, un hombre que no poseyese una gran inteligencia y un talento especial y notorio hacia las artes o la literatura, sencillamente no existía en su radio de acción amorosa. Siempre, recalcó varias veces en sus memorias, se enamoró primero con la cabeza y después con el placer físico. Para ella eran igual de importantes *el amor de cabeza que el de corazón.*

Carlos Hallé era un hombre mayor, con grandes y pronunciadas ojeras, de cabellos gris y una nariz clásica que la invitó a tomar té en su casa una tarde con el fin de enseñarla una vestimenta que había utilizado la actriz Mary Anderson en una de sus representaciones. Carlos Hallé le habló de su amistad con artistas admirados por la bailarina, como Buren Jones o Rosetti o algunos otros pintores prerrafaelistas, y la introdujo en todo el ambiente artístico y literario de la ciudad. La llamada hermandad prerrafaelista se había creado en Londres en 1848 con el objetivo de renovar la pintura que estaba sumida en un concepto académico muy convencional. William H. Hunt, Dante G, Rosetti y John E. Millais, los representantes más importantes de este grupo, rechazaban el academicismo pictórico del momento y la tradición paisajística inglesa a favor de una vuelta al arte inspirado en la Naturaleza, a la belleza clásica de la época de Rafael, opuesta a la fealdad de la era postindustrial.

Carlos Hallé era dueño de una conocida galería de arte moderno de Londres que tenía un jardín con una fuente. Fue en esa especie de plaza en donde Isadora, a petición del propio director de la galería, dio a conocer sus danzas a toda la intelectualidad londinense, recibiendo un sonado éxito social que le abrió todavía mucho más las puertas de todas las casas de las familias más conocidas dentro del mundo del arte. Un día incluso fue recibida por el futuro rey de Inglaterra, el príncipe de Gales, quien admiró públicamente su belleza y su elegancia. Isadora podía estar muy satisfecha de su triunfo pero todavía no había conseguido lo que quería, dignificar el arte de la danza. Carlos Hallé vivía en Cadogan Street con su hermana. Muchas veces se reunían los tres para comer o para asistir a las representaciones de Henri Irving y Ellen Terry, quien se convirtió a partir de entonces, en su ideal de artista y de mujer.

Ellen Terry (1847-1928) fue una actriz de teatro famosa por sus fabulosas interpretaciones de las obras de Shakespeare. Entre sus méritos figuran además, la dirección del Imperial Theatre, la correspondencia que mantuvo con la también actriz Bernad Shaw, y la autobiografía que dejó escrita en 1908.

Isadora nos habla de la belleza de Ellen Terry, de su bellísimo ejemplo de feminidad. ¿Pero qué entendía Isadora cómo belleza femenina? Es curioso constatar a lo largo de la lectura de sus memorias como, precisamente, las dos mujeres a las que más amó e idealizó, Ellen Terry y Eleanora Duse, le atraigan sobre todo por sus características físicas femeninas. Los cuerpos de estas dos artistas estaban muy lejos de ajustarse a los modelos de esbeltez y delgadez imperantes en la época. Justamente lo que más atrae a Isadora es la robustez de sus cuerpos de generosas caderas, su majestuosa presencia física. Razona que si estas dos mujeres hubiesen hecho caso del parámetro de belleza femenina impuesto en ese momento, con seguridad hubieran disminuido su expresión personal, poderosa, además de perder el tiempo inútilmente en simular una esbeltez y juventud que por naturaleza no poseían.

Las cosas iban muy bien en la familia Duncan. Todos saboreaban estos primeros éxitos tantas veces anhelados. La fortuna aumentaba y eso posibilitaba nuevas mudanzas a zonas más lujosas y céntricas y a estudios más confortables y amplios. El nuevo estudio estaba situado en Warwick Square, donde Isadora pasaba los días preparando nuevas danzas inspiradas en el arte italiano. Fue en esos días de mudanza cuando conoció a un joven, guapo, dulce, recién licenciado en Oxford, Douglas Ainslie, con el que pasaba todas las tardes leyendo poemas de diversos autores como Swinburne, Keats, Browning, y el famoso Oscar Wilde.

La madre, a pesar de la libertad y autonomía con la que había educado a sus hijos, les acompañaba en estos encuentros por «lo que pudiera pasar». No es que no se fiara de la bella Isadora, sino que sabía que cuando dos bellos jóvenes se encuentran de forma agradable, la relación de amistad puede derivar hacia otros rumbos. La madre de Isadora seguía aplicando unos criterios tradicionales en esta cuestión. Para ella no existía la posibilidad de que dos personas enamoradas iniciaran una relación extra matrimonial, si se amaban debían casarse. Así se lo habían enseñado, y así lo transmitía a sus hijos a pesar de sus propias experiencias en este terreno. La madre entonces, acompañaba a su hija a la casa de Ainslie y allí permanecía vigilante hasta que se quedaba dormida. El joven Douglas se despedía siempre dándole un beso en la mejilla a Isadora. Eso era todo el roce físico que mantenía la joven con sus amistades masculinas. Todavía no había descubierto la pasión sexual.

Así pasaba los días, entre la casa del bello Douglas por las tardes, las visitas de Hallé y sus ensayos nocturnos. No necesitaba a nadie más. Otros muchos jóvenes se acercaban a ella solicitando algún encuentro, pero ella según confesó más tarde, los decepcionaba con su orgullo.

Durante estos años londinenses, Isadora conoció a través de sus amistades, a personalidades como Watts, y a toda la gente más ilustre del mundo literario e intelectual. A pesar de su profunda vida social, Isadora bailaba cada vez menos delante del público. El invierno estaba llegando, y los bailes en los salones escaseaban.

Isadora necesitaba buscar un nuevo trabajo en alguna compañía. Volvía de nuevo a enfrentarse a esos empresarios que se empeñaban en darle papeles de segundo orden. Isadora se veía reducida a representar una y otra vez el mismo papel de hada de *El sueño de una noche de verano* ¿Cómo era posible que ella, que había conseguido la admiración incondicional de toda la intelectualidad londinense, se viera reducida a este papel sin importancia? Sencillamente, porque la concepción materialista y puramente comercial de los empresarios, chocaba frontalmente contra el sentido elevado y místico del arte de Isadora.

El joven Douglas no soportaba al maduro Carlos Hallé y viceversa. Uno y otro reprochaban a Isadora la amistad que profesaba a su enemigo. La incomprensión y los celos hacían que al joven Douglas le pareciera inaudita la amistad de Isadora con el feo y mayor Hallé y que a éste le pareciera imposible que a su amiga le gustase un muchacho tan joven e «insustancial» como Ainslie. Isadora se divertía con estos celos, pero para no perder a ninguno, trataba por todos los medios de que no coincidieran nunca. Los domingos estaban reservados a Carlos Hallé, quien amablemente les invitaba a comer en el campo delicias como *foie gras* y les daba de beber jerez y café. Es curioso como Isadora recordaba especialmente todos estos detalles, que a más de una persona le parecerían simples anécdotas y, sin embargo, apenas comentaba nada en sus memorias acerca del trabajo que estaba desarrollando entonces.

Llevaban ya varios años en Londres y todo seguía igual. Es verdad que habían ampliado el círculo de sus amistades y que habían obtenido un gran éxito entre la gente culta, pero las penalidades económicas proseguían. A pesar de todo el reconocimiento público seguían teniendo más gastos que ingresos, lo que denota la falta absoluta de la familia Duncan a la hora de ajustarse a su presupuesto, la dejadez total hacia cualquier asunto de tipo económico que supusiera una planificación.

La vida tranquila de Londres, sin emociones, comenzó a impacientar a Raymond. De los tres hermanos de Isadora, era éste con el que más estrechó los lazos, quizás por la cercanía de la edad (sólo se llevaban dos años) o porque de los cuatro, era el más aventurero. El caso es que Raymond necesitaba nuevos retos y aventuras para sentirse feliz. Londres se le había quedado muy pequeño y se marchó a París, dejando a su madre y a Isadora solas en Londres por algún tiempo, sólo hasta que pudo convencerlas de que le siguieran viajando en tercera clase. Como siempre que uno del clan proponía una nueva aventura, el resto de la familia le seguía casi sin dilación. Llegaron a París y al bajarse del tren recibieron una gran sorpresa: Raymond estaba irreconocible con su pelo largo y su chalina oscura. Había dejado la moda londinense por una vestimenta más bohemia al estilo parisino. París era la capital europea más importante en el arte a principios del siglo XX. Allí se reunieron artistas de la talla de Picasso, por ejemplo, que empezaban a asentar las bases del arte moderno. Tras recorrer calles y calles, empleando el pobre vocabulario en francés que conocían, consiguieron alquilar un estudio barato situado encima de una imprenta nocturna. El bajo precio del estudio se explicó por la noche, cuando todos se despertaron al oír unos terribles ruidos que hacían temblar las paredes. Imposible dormir. Isadora recordó el espanto sufrido en el barco que les llevó a Europa desde América, con aquellos lamentos del ganado que tampoco les dejaban descansar. En el estudio ocurría lo mismo, los nervios se encresparon por la falta de sueño diario. Es cierto que ellos estaban acostumbrados a llevar una vida dura, a dormir en el suelo a pasar hambre, a soportar el frío, pero aquel estruendo, a pesar de que la buena de Isadora les intentó convencer de que el ruido se parecía al del mar cuando está bravo, era demasiado soportar. La dueña del estudio les suministraba la comida, una pequeña ensalada con la que aguantaban todo el día, por el módico precio de un franco. Decidieron quedarse hasta que pudieran pagarse algo mejor, con un poco de paciencia e imaginación podrán aguantar el estruendo.

Raymond e Isadora estaban radiantes de felicidad. Se levantaban todos los días a las cinco de la mañana para visitar la gran ciudad. No querían perderse nada, lo querían mirar todo y empaparse de todos los rincones parisinos. Pasaban horas enteras en el Museo del Louvre, repitiendo la misma actitud mostrada durante las largas horas contemplativas en el Museo Británico. Algunos días casi los tenían que echar del recinto. Las horas se pasaban velozmente para los dos hermanos que no se daban cuenta que había llegado la hora del cierre. No necesitaban nada de lo pletóricos que se sentían. La gente les miraba con extrañeza; parecían unos excéntricos que se pasaban todo el día en un estado de éxtasis contemplando las obras de arte. Carecían de dinero para el transporte, casi nunca lo habían tenido, así que regresaban normalmente al estudio andando, parándose en las estatuas de las Tullerías y en cualquier monumento que les llamara la atención. Tampoco tenían horarios, ni trabajo, ni dinero. Parecía no importarles ni preocuparles nada. Se encontraban en París, felices, despreocupados. Por la noche se reunían los tres para cenar ligero, alguna ensalada, algunas judías, un poco de vino y a tratar de dormir. La felicidad era una constante en la familia. Se acostaban con ilusión, esperando el nuevo día con alegría, sin pensar que necesitaban trabajar para poder pagar la comida y el alquiler. Los Duncan vivían al día. Sólo les empezaba a preocupar la falta de dinero cuando era urgente, improvisando las maneras de conseguirlo. ¿Para qué aguarse la «fiesta» por minucias como ésta? Para la familia Duncan existía un principio fundamental: era un deber saber disfrutar del presente con alegría. Recorrer todos los museos de París, ver todos los monumentos, sorprenderse con entusiasmo, empaparse del ambiente que se respiraba en la ciudad, eran consideradas actividades «sagradas», deberes ineludibles de sus vidas. Vivían con pasión, sin preocuparse en exceso pero también sin quejarse.

Isadora y Raymond pasaban todo el día aprendiendo con la contemplación atenta de las obras en los museos. Raymond, además de ser un excelente orador y escritor, tenía muy buenas habilidades para el dibujo, y copiaba diariamente todos los vasos griegos que observaba. A veces sustituía las figuras originales griegas, por la imagen en movimiento de su querida hermana Isadora, a la que dibujaba bailando en distintas posiciones. Las horas para Isadora transcurrían también muy rápidamente, pensando incansablemente todo el día cómo hacer para transmitir con su danza, aquellas sugerentes escenas griegas que contempla absorta. Podrían ser un tanto excéntricos, aventureros, «irresponsables» y muy idealistas, pero también eran unos trabajadores incansables. Se alimentan del arte, de la literatura, eran personas muy cultas, ambiciosas, deseosas de hallar su personal camino en el mundo artístico, por eso necesitan la libertad.

El año de la llegada de los Duncan fue el año de la Exposición Universal de 1900. Isadora tenía 23 años, Raymond 25; se encontraban en su plenitud física y mental que bien sabían aprovechar al máximo. Un día llegó hasta París su amado Carlos Hallé para conocer la Exposición Universal. Los celos resurgieron entre los hermanos. Raymond, inseparable de Isadora, se sintió apartado por este nuevo amor recién llegado a París. Raymond estaba saliendo con una modista francesa cuando llegaron su madre y su hermana a la capital parisina, pero inmediatamente dejó apartada a la chica para estar todo el día con su familia. Isadora no había correspondido de la misma forma. Por eso, celoso y apesadumbrado les dejaba solos. Sus celos y su enfado le impedían compartir el tiempo con ellos. Hallé también estaba celoso. Isadora tuvo de nuevo que dividirse para satisfacer a estos dos seres. A pesar de su tremenda vitalidad, sus fuerzas, como las de todos, tenían un límite. También sabía mostrarse fatigada y abatida cuando la energía empezaba a fallarle.

Los malentendidos entre Raymond y Hallé llegaron a un punto crítico de malestar que entorpecía la convivencia pacífica. Había que buscar alguna solución. Establecieron entre todos que los domingos serían días dedicados a la familia, sin ninguna intromisión externa, es decir, sin Hallé. Pasaban estos domingos en el campo, visitando los jardines de Versalles o yendo al bosque de Saint Germain.

La Exposición Universal de 1900 en París fue un acontecimiento muy especial. En los distintos pabellones, salas y edificios dispuestos para la muestra, se enseñaron hallazgos científicos importantes para el futuro, como la iluminación eléctrica, y se dieron a conocer las obras de artistas todavía desconocidos para el gran público, como el escultor francés Rodin.

Auguste Rodin (1880-1940) contribuyó al desarrollo del nuevo arte antinaturalista y simbolista. Fue un modelista soberbio, infatigable, con un gran instinto para la presión exacta, capaz de comunicar a través de los reflejos de la luz sobre los volúmenes el efecto buscado. Para Rodin, *modelar sombras es descubrir el pensamiento* (*Heard Hamilton,* pg 64). Este escultor, admirado por Isadora, se hizo famoso a partir de 1877, aunque el reconocimiento gubernamental le llegó en 1880, cuando se le encargó una puerta monumental esculpida en bronce que decoraría un nuevo museo en París, esas serían las *Puertas del Infierno,* llamadas así por su iconografía dantesca. En la Exposición Universal, Rodin expuso al gran público por primera vez estas inacabables puertas en un pabellón construido por él mismo. Isadora fue a verlas expresamente para admirar y conocer al escultor con quien trabó una amistad muy especial. Según cuenta en sus memorias (*Mi vida,* pg 104), un día fue a visitarlo en su estudio. Rodin, su admirado escultor, era un hombre pequeño, cuadrado, con una cabeza completamente rapada y con una barba abundante. La visita fue del agrado del maestro. No todos los días podía tener en su estudio a una joven tan bella e inteligente. Admirado por la joven bailarina, le fue enseñando todas sus obras con sencillez. En un momento dado se paró a recoger un trozo de yeso, y allí mismo, mientras sus ojos encendidos miraban la materia que sujetaba firmemente entre sus manos, esculpió un seno de mujer. Después acompañó a Isadora a otra parte de su estudio, la joven se cambió de ropa, y le interpretó en justa correspondencia artística, una danza basada en un texto de Teócrito. Isadora sentía necesidad de explicar y justificar sus ideas renovadoras. Rodin no podía ser menos y le explicó de nuevo sus teorías acerca de la danza del futuro que proponía. El escultor parecía no escucharla, abstraído, absorto en la contemplación de la joven, la observaba con aquellos ojos brillantes y entornados que quemaban. *Pasó mis manos por mi cuello y por mis senos, acarició mis brazos, y sus dedos rozaron mis caderas, mis piernas y mis pies desnudos* (*Mi vida,* pg 105). Isadora sintió en aquel momento el deseo en su cuerpo. Cuántas veces a lo largo de su vida lamentaría no haber sido más abierta y haber podido ofrecer su virginidad al escultor. Desaprovechó —según su opinión— una ocasión única por causa de una educación demasiado puritana. Ya no volvió a ver a Rodin, con el que de todas maneras se sintió amiga, hasta años más tarde, cuando la artista se encontraba en Berlín.

La danza y la escultura son dos artes íntimamente unidas, y la base de ambas es la naturaleza. Tanto el escultor como el bailarín tienen que buscar en la naturaleza las formas más bellas y los movimientos con los que inevitablemente expresar el espíritu de estas formas. Así que la enseñanza de la escultura y de la danza deberían ir de la mano (Cómo debería ser la danza. El arte de la danza, pg 75).

En su libro *El arte de la danza,* pg 121, hay un capítulo titulado «una visita de Rodin» donde se escribe literalmente:

Querido maestro, cual dios potente habéis creado una época, y nosotras somos creación vuestra, como vuestras obras de mármol, nosotros somos vuestros pensamientos de carne. Como Atenea nacida plena de fuerza del cerebro de Zeus, como las potentes Valquirias que surgen armadas de la voluntad de Wotan, nosotras, las discípulas de la Danza, existimos porque nacimos en la época del Gran Rodin.

Además de conocer al gran Rodin, Isadora tuvo un encuentro poco provechoso con Louise Fuller, considerada junto con Isadora Duncan una de las fundadoras de la danza moderna. Fuller había llegado a París con una empresa de danza en la que se incluía una muestra del exquisito arte de la bailarina japonesa Sada Yacco. Ni que decir tiene que la concepción de la danza de la Duncan tenía mucho más que ver con la japonesa ya que ambas compartían un gusto por el movimiento sinuoso y ondulado que por la Fuller, que más que concebir la danza como un arte en renovación y en contacto con la Naturaleza, presentaba un espectáculo muy llamativo y colorístico.

Duncan escribió sus impresiones de este encuentro: *Yo estaba en éxtasis, pero comprendía que este arte* (se refiere al de Louise Fuller) *no era sino una súbita ebullición de la Naturaleza que ya no podía repetirse. Se transformaba en millares de imágenes de color a los ojos de su público. Increíble. No puede repetirse ni describirse.*

Fuller también se quedó muy sorprendida del arte de Isadora y por eso, llamada por su admiración, le ofreció unirse a su empresa, que estaba en negociaciones para mostrar su arte en centroeuropa. Fuller quedó decepcionada de esta unión empresarial, Isadora no sólo la abandonó muy rápido por diferencias personales e ideológicas, sino que parece ser, según la versión de Fuller, que Isadora no tuvo muy buena acogida entre ciertos círculos de la alta aristocracia vienesa. Louise Fuller admiraba el arte de Isadora, pero no a la mujer a la que acusó de mostrar una *absurda afectación* (*El arte de la danza,* pg 9): *¡Oh, esa danza, cómo me gustó! Era para mí la cosa más bella del mundo. Olvidé a la mujer, olvidé sus faltas, su absurda afectación, su vestuario, e incluso sus piernas desnudas. Vi sólo a la bailarina y el placer artístico que estaba ofreciendo.*

Llegó el otoño de 1900, y Carlos Hallé regresó por asuntos de negocios a Londres. Pero la responsabilidad que sentía hacia Isadora, a la que trataba más como una hija que como una amiga, le obligó a dejar a un sobrino, Carlos Noufflard, a su cuidado. Noufflard era entonces de la edad de su hermano Raymond. Contaba con veinticinco años, y pertenecía a una buena familia. Era lo que se dice un muchacho muy culto y educado. Carlos se dedicó a explicar a los Duncan las características del arte gótico francés, y cómo diferenciar los distintos estilos decorativos. Llevaban en París unos escasos meses y ya habían adquirido un rico vocabulario en francés. Isadora siempre fue muy rápida en aprender idiomas, y en pocos meses consiguió no sólo seguir una conversación en francés, sino leer y escribir con soltura en esta lengua Su pasión inalterada por la lectura, y su contacto diario con poetas, le ayudó sin duda alguna, a dominar también esta lengua en la escritura.

Los Duncan estaban cansados del estudio ruidoso y consiguieron trasladarse a otro mejor, o por lo menos más silencioso. Como el alojamiento no tenía ningún mueble, Raymond, aprovechando sus dotes pictóricas, lo decoró con dibujos de hojas enrolladas en el tubo del gas que parecían antorchas romanas cuando el gas se encendía. También pintó columnas clásicas en las paredes, convirtiendo el estudio en una especie de templo griego dedicado a las artes. El estudio no tenía cuarto de baño, pero contaban con baúles donde almacenar las cosas, algunos colchones y un piano, con el que la madre retomó sus ensayos de horas y horas interpretando fragmentos de Chopin, Schumann y Beethoven. ¿Qué más podían pedir?

Fue en el nuevo estudio cuando Raymond comenzó con sus inventos nocturnos. Casi todas las noches el hermano se levantaba y a martillazo limpio, trabajaba en la confección de unas nuevas sandalias. Ni a la madre ni mucho menos Isadora, se les hubiera ocurrido decirle nada. Él era libre de desarrollar su imaginación a la hora que quisiera y pudiera y si eso provocaba alguna molestia o era causa de incordio a los demás, simplemente había que aguantarse con alegría para no aguar la fiesta del espíritu creador. Así funcionaban todos.

Carlos Noufflard muy pronto consiguió trabar amistad con Isadora, su alegría debía ser contagiosa, además, la mezcla de su inteligencia con su ingenuidad y su candor, resultaban muy atractivas y estimulantes. Cuando la confianza de la nueva amistad con Noufflard fue en aumento, éste les presentó a dos de sus mejores amigos, el guapo Jacques Beaugnies y el bajito Andrés Beaunier. Isadora solía describir a sus amistades, tanto masculinas como femeninas, con epítetos de ese tipo. De estos dos mejores amigos de Noufflard, Isadora prefirió casi desde un primer momento a Beaunier por su destacada inteligencia. Puede parecernos extraño que una mujer joven, inteligente y atractiva, siempre prefiriera a hombres no precisamente bellos ni atractivos pero sí con una destacada inteligencia. Andrés Beaunier que era un muchacho muy culto y con una bonita voz, (así le describe en sus memorias) le leyó a Isadora todos los grandes libros de la literatura francesa moderna, como el *Pélleas y Melisande* de Maeterlinck. La joven elegía a sus amigos libremente, a pesar de lo cual, su madre, mostraba un halo de incomprensión hacia el hecho de las elecciones masculinas de su hija. ¿Por qué razón su hija Isadora, que era joven, bella e inteligente, terminaba con hombres tan poco agraciados, teniendo a su alcance, hombre muy bellos e interesantes?

Para la mujer era imposible dar alguna razón lógica a tales elecciones. El último hallazgo de su hija, Beaunier, era, a juicio de la madre, un hombre bajo, gordo, de ojos pequeños y sin ningún atractivo. El porqué Isadora perdía el tiempo todas las tardes con él se le escapaba. Isadora, pese a la desaprobación terminante de su madre, continuaba con sus amistades como si nada. Buena era Isadora cuando pretendían limitar su libertad. Ella no se sentía, desde luego, una mujer vulgar ni mucho menos convencional, y por tanto, sus elecciones tenían que provocar la extrañeza de otras personas más sencillas. Isadora se autodefinía como una mujer muy apasionada pero al mismo tiempo muy cerebral. Lo primero que le llamaba la atención en un hombre eran sus capacidades intelectuales y su talento artístico. Otras veces, simplemente se dejaba llevar por sus emociones sin hacer caso de nada más.

Andrés Beaunier es un hombre muy culto dispuesto a enseñarla todas las esculturas de la catedral de Notre Dame, a pasear con ella por todo París y a mostrarle los grandes poetas ingleses que, a su juicio, merecían pasar a la historia de la Literatura. Isadora se convirtió en su confidente, alguien querido a quien poder confesar todos sus anhelos, sus dificultades, sus ambiciones. Beaunier quería dedicarse a la poesía, pero el estilo en el que le gusta trabajar no era precisamente el del gusto general. Él se sentía un poeta moderno, transgresor, crítico. Quién sabe, pero es posible que fuera precisamente esta idea de transgresión de las normas impuestas lo que tanto unió a Isadora con este poeta. Andrés se quejaba de su mala fortuna lamentándose con Isadora, que paciente le confortaba. Un día Andrés Beaunier llegó al estudio de Isadora conmocionado. Se había muerto su ídolo Oscar Wilde en París. Era el año 1900. Isadora relata este encuentro doloroso con su amigo en Londres, cuando es posible que ella y su madre ya se encontrasen en París, ciudad a la que llegaron a finales de 1899. Isadora quiso conocer entonces por qué el gran Wilde había sido condenado a pasar dos años en prisión. Su amigo Andrés se quedó mudo incapaz de contestar, temblando y muy pálido. La homosexualidad, en la Inglaterra puritana y moralista de principios del siglo XX, estaba considerada una actividad pecaminosa y delictiva. Hablar abiertamente de la homosexualidad de Wilde debía resultar muy embarazoso, más para un fiel seguidor, ante una inteligente mujer. Es muy posible además, que el propio Andrés fuera homosexual. Isadora aparece en el relato de este episodio como una mujer asombrosamente ingenua, abierta, pero muy inocente, que no entiende la frialdad de su amigo y la conmoción evidente que sufre cada vez que su amiga le habla del amor. A pesar de que a Andrés Beaunier no le gustase precisamente recibir y dar besos y abrazos a Isadora, se mostró muy cálido con su amiga, a la que consideró su única confidente. Pero ¿confidente de qué? se preguntó Isadora. Ella fue tomando consciencia a través de estos episodios traumáticos, de que en realidad no conocía nada de la vida privada de su amigo, lo único que hacían juntos diariamente era leer poemas y pasear por París.

Transcurrió así un año, con esa *rara y apasionada amistad* (*Mi vida,* pg 88). Isadora era curiosa por naturaleza, de alguna manera todo lo que sabía lo había aprendido de forma autodidacta. Se preguntaba ¿por qué cada vez que pronunciaba la palabra amor, su amigo se mostraba tan incómodo? Cuando la duda fue demasiado grande, decidió dar una sorpresa al poeta. Quedándose sola en su estudio, lo decoró con bonitas rosas, compró una botella de champán y le esperó impaciente vestida con una de sus túnicas semi transparentes. Estaba radiante de belleza. Según su opinión, ningún hombre en su sano juicio, podría rechazar la propuesta que ahora le brindaba con generosidad extrema a su amigo. Andrés Beaunier no pudo apenas pronunciar más que alguna mala disculpa y salió corriendo. Isadora, desde luego, no había previsto tal final para sus proyectos. Se quedó triste por un momento preguntándose qué era lo que había hecho mal. ¿Es que acaso no era la misma mujer joven y bella por la que tantos hombres suspiraban? Fue incapaz de comprender que quizás, debajo de aquel rechazo podía esconderse una inclinación sexual distinta. ¿Es que acaso no comprendía la homosexualidad o resultaba para ella inconcebible? Dolida, humillada, se dedicó después de este desplante a seducir descaradamente a otros hombres para restablecer su capacidad de amar y ser amada.

Uno de estos hombres, en cuyos brazos Isadora se lanzó rápidamente, fue el otro buen amigo de Carlos Noufflard, Jacques Beaugnies, un muchacho muy diferente, guapo, rubio y de muy buen ver, que al contrario que Andrés era muy lanzado. Un día, tras una buena comida con champán, la llevó con premura a una habitación de hotel. Se tuvieron que inscribir como matrimonio. Isadora estaba radiante de felicidad, esperando el momento que tantas veces había imaginado: estar desnuda con un hombre envuelta en abrazos y besos. Pero fue pronunciar la frase: *Por fin despierto a la vida,* cuando aquel hombre fogoso se despidió con lamentos: *¿por qué no lo dijo usted antes? ¡Qué crimen voy a cometer!* Isadora era todavía virgen, y aquel amigo no estaba dispuesto a desvirgarla. No volvieron a verse hasta muchos años más tarde. La joven había sido educada en un ambiente sin duda más libertario que la mayoría de las mujeres de su generación y entorno, pero hasta que no alcanzó una cierta edad y experiencia en materia amatoria, tampoco pudo sustraerse del todo a la mentalidad de su época que era más bien recatada. Con este brevísimo encuentro, al final fallido, Isadora comenzó a despertar sus deseos de liberar a la mujer y de ceñirse más que nunca a lo que fue uno de sus principios fundamentales: obtener placer en todo aquello que se hace en la vida.

Ya que el amor no le era propicio, y todos sus *esfuerzos patéticos* no le habían servido para experimentar el amor terrenal, se dedicó con más ahínco a su arte. Se lamentaba de estos pobres resultados en la iniciación del importante arte de amar. No entendió el por qué de estas extrañas iniciaciones. Sí, ella se sentía bella, inteligente y encantadora, pero por alguna misteriosa razón asustaba a los hombres de su entorno, que la profesaban un respeto demasiado exagerado.

Poco después regresó su amigo Andrés con una mirada tímida pidiéndole disculpas, e Isadora, que había decidido volcarse en su trabajo, le largaba charlas de horas explicándole el fundamento de su arte. Andrés le escuchaba gustoso y sonriente, sin síntomas de aburrimiento. El amor no había podido fraguar pero la sólida amistad proseguía su camino como si tal cosa.

Mientras, la joven procuraba vivir nuevas experiencias amatorias, y proseguía la Exposición Universal en París, la madre de este guapo amante frustrado, Madame de Saint Marceau, le propuso bailar delante de todo lo mejor del ambiente intelectual y artístico parisino. Como siempre, Isadora obtuvo un éxito rotundo que no le sacaba de la pobreza aunque tuviera la admiración incondicional de toda la alta burguesía y aristocracia europea.

Volcada con renovadas energías en su trabajo, Isadora pasaba horas inmóvil con los brazos cruzados en el pecho, hasta el punto de preocupar a su madre. Isadora estaba buscando los fundamentos de su arte, la unidad de donde nacer toda clase de movimientos, el origen de su potencia creadora, que ella situaba en un punto del tronco apodado con el nombre de plexo solar. La danza revolucionaria de la joven consistía en lograr ese flujo de movimiento constante que nacía dentro y en el centro del cuerpo, en el plexo solar, el punto *donde coincidían la experiencia física del cuerpo, la emoción y la espiritualidad (El arte de la danza* pg 11). Isadora Duncan estaba anclada en una concepción romántica del arte, al basar en la emoción cualquier trabajo artístico, pero al mismo tiempo estaba ideando una danza muy original para la época, un arte autosuficiente basado en los propios ritmos corporales y en el diálogo interno con nuestras emociones.

Isadora admiraba la concepción artística de Stanislavski, que era muy semejante a la suya. La joven observaba cómo todos los niños entendían su arte desde la primera lección. Los movimientos que proponía estaban basados en la espontaneidad afectiva, y ¿quién hay más espontáneo para expresar lo que se siente y desea que los niños? Pero los niños, pensaba Isadora, al ir creciendo van perdiendo su fuerza genuina al ser contaminados por nuestra civilización *materialista (Mi vida,* pg 91) que les hacía matar su verdadera inspiración. La joven buscará en muchas ocasiones su fuerza en las experiencias vividas durante su infancia y juventud, que son los períodos más ricos normalmente, en emociones y descubrimientos.

La joven fue toda su vida una trabajadora incansable. Decidida a encontrar el fundamento de su danza, pasaba todas las horas del día danzando sin música, explorando interminable sus hallazgos.

Isadora odiaba que la llamasen bailarina, ella era algo más, no se trataba sólo de bailar, sino de transformar la visión del mundo a través de un arte como la danza. Su madre, sorprendida, asustada, pero increíblemente abnegada, le acompañaba todas las noches interpretando al piano piezas diversas de Chopin, y el *Orfeo* de Gluck que su hija terminó conociendo a la perfección.

En París prosiguió alternando con personas de la aristocracia, como la condesa Greffhul, en cuyo salón bailó con gran éxito, a pesar del ambiente sobrecargado de perfumes y colorido. La joven era una entusiasta de todo lo sencillo, no le gustaban las joyas, ni los vestidos sobrecargados, ni los perfumes, ni las decoraciones barrocas. Estaba volcada en la búsqueda de la esencia de las cosas y le irritaba profundamente cualquier desviación de su objetivo. Se sentía una mística, una idealista, un ser americano con sangre escocesa por parte de padre e irlandesa por parte de madre, alguien que *lucha por la expresión heroica y no por la expresión sensual de las cosas* (*Mi vida,* pg 93). Isadora reflexionó muchas veces acerca del carácter del pueblo americano. *La mayoría de los artistas americanos,* decía, *son puritanos. El arte americano es muy diferente del arte sensual francés ya que toda la educación en América tiende a reducir los sentidos casi a la nada. El verdadero americano es un idealista y un místico* (*Mi vida,* pg 93). La joven, ya adulta cuando escribió estas líneas, siguió pensando en las características típicas, o mejor dicho, tópicas, que tienen los distintos pueblos, pero estas apreciaciones suyas son tan esquemáticas que puede resultar algo ingenuo escuchar de sus labios que *el americano, por una mezcla con los celtas, es a veces más ardiente que el italiano, sensual que el francés o capaz de excesos desesperados que el ruso* (*Mi vida,* pg 93). Algún autor ha insinuado que en esta forma de pensar se manifiesta una idea racista, y creo que no anda muy desencaminado, pero más que racismo habría que decir que Isadora buscó en esta etapa de su vida, lograr una conciliación con su tierra a la que había acusado en diferentes momentos de ser inculta y basta, por la vía del halago de sus características más evidentes: el pueblo americano es puritano, pero al mismo tiempo es idealista, trascendental y muy sensible. Isadora no se desligó por completo del trascendentalismo de mediados del siglo XIX, ni de la visión idealista que vertebró todo su proyecto revolucionario.

Además de con la condesa Greffhul, entabló contacto con otras aristócratas para las que bailó en sus salones, como Madame Madeleine, la condesa de Noailles, y la princesa de Polignac, que un día se presentó en su estudio sin preaviso. Era la princesa de Polignac una mujer de imponente estatura, con una voz metálica y un carácter aparentemente frío y despegado. Isadora enseguida descubrió que todos estos modales secos eran en realidad una máscara que trataba de ocultar su gran timidez. La princesa de Polignac al darse cuenta de la pobreza en la que vivía la joven, dejó encima de la mesa de su estudio 200 francos, de forma discreta y tímida para no provocar su recelo ya que era muy delicada en asuntos de dinero. Gracias a esta visita inesperada, Isadora conoció al marido de la princesa de Polignac, un excelente compositor que quedó sinceramente entusiasmado con sus danzas. La admiración enseguida se hizo mutua y el príncipe de Polignac le propuso trabajar juntos. La mala suerte volvió a truncar estos proyectos artísticos. Ya lo había hecho en el pasado con la muerte de Nevín y ahora le tocaba a Polignac. Con la muerte repentina del príncipe se volvieron a quebrar las esperanzas e ilusiones de Isadora.

La joven saciaba toda su sed de conocimientos visitando diariamente el Museo del Louvre, la Biblioteca Nacional y la recién descubierta biblioteca de la Ópera. Isadora llegó a leerse todos los libros relacionados con el arte de la danza, la música y el teatro.

El impulso de los Polignac animó a los Duncan a organizar en su estudio conciertos por subscripción. El matrimonio venía todos los días para animarla, pero el estudio era de pequeño tamaño, daba cabida a unas veinte o treinta personas. Pese a todos estos éxitos, los Duncan seguían muy mal económicamente, incluso les costaba llegar a final de mes, pasando un frío espantoso en aquel París.

Isadora recuerda que a pesar de todas estas incomodidades ella era capaz de permanecer horas y horas quieta de pie esperando el momento de la inspiración. Su fuerza de voluntad era enorme, casi tanto como su desmesurada ambición personal.

Un día tuvo un encuentro desagradable en su estudio. Se presentó el representante de un famoso music-hall berlinés ofreciéndole un contrato. Isadora ya conocía de sobra el ambiente de los music-hall y acostumbrada a pasar hambre y frío, prefería proseguir con sus descubrimientos y enseñanzas antes que firmar un contrato que, a pesar de ser muy sustancioso económicamente, a sus ojos la denigraba. *Si usted firma el contrato,* venía a decir el alemán, *usted será presentada como la primera bailarina de los pies desnudos del mundo* (Mi vida, pg 99) *y conocerá a mucha gente importante.* Isadora montó en cólera y despachó a aquel hombre explicándole qué era lo que ella quería. Las negociaciones duraron cerca de un mes, durante el cual, el empresario iba ofreciendo a la joven salarios cada vez más altos hasta llegar a los 1.000 marcos por noche. Isadora le abría la puerta sencillamente para darle el no, hasta que un día, el berlinés se despidió colérico de su estudio tratándola de «mujer tonta». Hasta ahí podían llegar las impertinencias y los insultos personales, Isadora no tenía desde luego nada de estúpida y le contestó gritando mientras salía de su estudio que,

ella había venido a Europa a traer un renacimiento de la religión por medio de la danza, para elevar al público al conocimiento de la Belleza y de la Santidad del cuerpo humano mediante la expresión de sus movimientos. Y que no había venido de ningún modo a bailar para distraer a los burgueses engreídos tras una buena cena (Mi vida, pg 99).

Tres años más tarde, este mismo empresario vio bailar a Isadora bajo la Orquesta Filarmónica de Berlín y reconoció su error llevándole flores a su camerino y besando su mano.

La vida de Isadora transcurría más o menos apaciblemente, entre encuentros con los amigos, flirteos varios, bailes en los salones y visitas asiduas a los museos y bibliotecas de París. Su hermano Raymond continuaba también con sus encuentros amorosos entre cantantes y modistas de la ciudad. Un día comunicó a su hermana y su madre que volvía a América para dar una serie de conciertos. No sabemos nada más de este episodio.

Fue entonces cuando la madre de Isadora enfermó. La mala alimentación continuada, el cansancio acumulado tras tantos años de traslados forzosos de una casa a otra, el frío de París, las preocupaciones por sus hijos y la edad. Isadora comprendió que su madre no podía seguir viviendo en el mismo estudio de siempre, sin calefacción, durmiendo de muy mala manera. Ahora ella necesitaba sus cuidados y se trasladaron a una pensión de la calle Marguerite, en donde podían comer diariamente y estaban resguardadas del frío parisiense. Allí conocieron al trío formado por Berta Baby, Henri Bataille y Jean Lorraine. De Berta Baby Isadora dijo que: *tenía unos ojos dulces, profundos, tentadores, magnéticos, llenos de ardiente pasión* (*Mi vida,* pg 100) y una voz igualmente asombrosa. De Berta le asombró su belleza, su aspecto físico y su peculiar forma de vestirse totalmente alejada de las *modas antiestéticas* (*Mi vida,* pg 100) que para Isadora se habían impuesto en su época. Berta solía llevar trajes muy coloristas y alegres y adornarse el pelo con coronas de flores.

Pero de entre todas las personas que conoció durante su estancia en la capital francesa y una de las que más llamaron su atención y su afecto, se encontraba el escultor Eugenio Carriére, al que describe de forma mística; *sabiduría y luz y gran ternura,* son los términos en los que se expresó para explicar lo que sentía al estar en presencia de este artista. Si Rodin fue uno de sus maestros artísticos, Carriére lo fue en un plano más espiritual. *Cuando llegué a su presencia sentí algo de lo que creo que sentiría si me encontrara frente a Jesucristo. Quise arrodillarme, y así lo hubiera hecho si la timidez y reserva de mi carácter no me lo hubieran impedido* (*Mi vida,* pg 101).

IV. LA PRIMAVERA

Isadora conoció en París a la famosa Loie Fuller a través de la actriz Sara Bernhart y, como a todos los visitantes que llegaban a su estudio, le explicó sus teorías acerca de la danza del futuro que ella misma se encargaría de transformar. Fuller salía para Berlín e invitó a su recién amiga Isadora a que se sumara a su empresa. Fuller quería organizar una serie de representaciones por todas las grandes ciudades alemanas y para ello había contratado a la japonesa Sada Yacco, quien tanto había sorprendido a los visitantes de la Exposición Universal francesa del año 1900. Isadora entusiasmada, aceptó de inmediato sin pensar en las consecuencias que un viaje así podía contraer. Para empezar, su querida y sacrificada madre se quedaba por primera vez sola, sin la compañía de sus hijos en París, pero la joven se debía a su carrera ahora que estaba empezando y además, su madre ya estaba bastante fatigada y necesitaba, realmente, permanecer tranquila en algún sitio. En Berlín, toda la troupe formada por Fuller, su docena de muchachas guapas que la cuidaban y servían, Isadora y Sada Yacco, se hospedaron en el hotel Bristol, uno de los más caros. Loie Fuller no ponía límites a los gastos y no porque sus ingresos fueran precisamente elevados. Todas vivían rodeadas de lujos, durmiendo en grandes suites, cenando en los mejores restaurantes, bebiendo champán a todas horas. Isadora estaba estupefacta. ¿Cómo se podían pagar tantos lujos? Parecía que el negocio de Fuller iba bastante bien, pero la verdad, descubierta poco después, desmintió por completo estas primeras impresiones. La compañía tenía que salir sin sus maletas de los distintos hoteles donde se alojaban, echadas a la calle de cualquier forma por impago. Las empresas de Fuller no obtenían tantos beneficios como para llevar semejante plan de vida y sistemáticamente se veían en la calle. Eso sí, sin remordimientos y con grandes deseos de proseguir con su alocado proyecto vital. Las jóvenes y bellas acompañantes de Loie Fuller estaban con ella para complacerla diariamente, con caricias constantes en sus manos, abrazos, halagos y besos. Isadora se dio cuenta entonces, que a pesar del evidente cariño que le tenía su madre, jamás le había besado. El contacto físico era algo muy poco habitual para ella que había sido criada en un ambiente nada expresivo y desde luego muy poco afectuoso y dado al contacto corporal. Se debió sentir muy extraña en ese ambiente tan afectuoso y al mismo tiempo tan *demente* (*Mi vida,* pg 102). Isadora no terminaba de encajar en este ambiente femenino, pero sorprendida y admirada de todo lo que iba conociendo, no dejaba de apreciar a Loie Fuller, quien a pesar de los horribles dolores de espalda que padecía, bailaba todas las noches sin que en su rostro se manifestara ni la más mínima sensación de dolor. ¿Cómo lo podía soportar? se preguntaba Isadora.

Las jóvenes cuidadoras de la Fuller intentaban consolarla aplicándole vendajes de hielo, con caricias y achuchones varios. La primera vez que vio una representación de su amiga, Isadora se quedó en un estado de *éxtasis*, aunque reconocía que su mérito consistía en crear un espectáculo de luz y color de tal calibre, que se asemejaba a una *súbita ebullición de la Naturaleza* (*Mi vida,* pg 102).

Como siempre que llegaba a una nueva ciudad, Isadora se lanzaba de lleno a recorrer sus calles, sus museos y sus bibliotecas. Su ansia de aprender no tenía límites, así como tampoco su interés por el conocimiento. Berlín le entusiasmó desde el primer momento. Reconoció en la ciudad muchos elementos de la arquitectura y el arte griegos que tanto quería, pero revestidos con el carácter nórdico: *esto es Grecia,* dijo, *pero es una impresión nórdica de Grecia.* Berlín, en los primeros años del siglo xx debió ser una ciudad fascinante, abierta y desde luego, un lugar mucho más culto que su San Francisco natal.

Tras unos días en Berlín, el grupo de Loie Fuller se trasladó a la ciudad de Leipzig, sin llevar consigo ningún tipo de equipajes como ya venía siendo habitual en los forzosos cambios de residencia.

En esta ciudad tuvo lugar un incidente que Isadora describe minuciosamente en sus memorias. Una de las jóvenes acompañantes de Fuller, Nursey, una bella muchacha de cabellos rojos, deseaba irse junto con Isadora a Munich, pero ninguna disponía del dinero necesario para comprar los billetes, así que decidió por su cuenta regresar a Berlín para conseguirlo. Isadora y Nursey llegaron a Munich (¿lo sabría Loie Fuller?) y ésta última, en el transcurso de una noche, acercándose sigilosamente hacia su cama, la besó con pasión. Más tarde regresaron con todas las demás que habían planificado un viaje a Viena sin que este hecho trasluciera demasiado, aunque es de suponer que Isadora se extrañaría bastante. Ante la falta de dinero, Isadora, impulsiva como era en estos temas y acostumbrada como estaba a pedir dinero con soltura, se prestó voluntaria para conseguir lo que faltaba en el Consulado americano y como siempre obtuvo un merecido éxito. No tenían más que dinero para los billetes, pero en la capital austríaca, se siguieron alojando en los mejores hoteles, comiendo y bebiendo todo lo que se les antojó. Isadora estaba ya un poco cansada de estar en esta compañía. Se acordaba de su madre, que había dejado medio enferma en París, pensando además que qué hacía ella junto a tanta señorita *demente*, ¿es que acaso está sacando algún fruto de la empresa de Loie Fuller? Y así, hasta que una noche ocurrió el desencadenante que le hizo regresar a Francia junto a su madre. Una noche sobre las cuatro de la madrugada, estando alojadas en el hotel Bristol, Nursey, que compartía habitación con ella, se levantó, y dirigiéndose hacia la cama de Isadora le dijo: *Dios me ha ordenado que te ahogue.* A lo que la tranquila Isadora contestó llena de pánico: *Perfectamente, pero déjame que rece primero (Mi vida,* pg, 112), momento en el que aprovechó para escapar corriendo. La loca de Nursey la persiguió por todo el hotel, hasta que los médicos consiguieron tranquilizarla y llevársela al hospital. Isadora estaba desecha y telegrafió a su madre para contarle todo lo que había ocurrido y para que viniera a buscarla desde París. También relató a Loie Fuller y a todos los que estaban en ese momento en el hotel lo que había pasado, y decidieron salir de Viena lo antes posible. Antes de ocurrir este desagradable episodio, Isadora tuvo la oportunidad de bailar ella sola en el teatro Künstler Haus, en donde conoció al empresario húngaro Alejandro Gross. El encuentro de este hombre con Isadora fue muy breve pero fulminante: *cuando quiera un porvenir, búsquelo en Budapest,* le dijo (*Mi vida,* pg 113) y efectivamente así fue. Isadora y su madre viajaron solas y escarmentadas a Hungría.

En la capital húngara Alejandro Gross las recibió muy cordialmente cumpliendo con su palabra. Nada menos que la contrataba para bailar en solitario treinta noches en el teatro Urania. Isadora tenía sus reservas, acostumbrada como estaba a bailar casi en exclusiva en pequeños auditorios de aristócratas e intelectuales, pero Gross la convenció de que sus danzas también entusiasmarían al gran público húngaro, como así pasó.

Era el mes de abril de un año indeterminado. Isadora se encontraba radiante de felicidad, ¿no había acaso conseguido uno de sus sueños? En Budapest volvió a redescubrir la alegría de vivir, el placer de comer y beber acompañada de las personas más libres y sensuales que había conocido, admirada sinceramente hasta la adoración por su público, disfrutando de su eclosión sensual y sexual. En Hungría, recuerda, un *joven de facciones y estatura de dios* la transformó en una *bacante salvaje y desenfrenada* (*Mi vida,* pg 114). La primavera, el perfume de las lilas, el gulás húngaro y la música de los cíngaros, contribuyeron a lograr todo este frenesí de los sentidos.

La música de los cíngaros la llenó de asombro: *Ninguna de esas máquinas perfectamente construidas, producto de diestros inventores, puede reemplazar a la música de los cíngaros tocada por un solo campesino húngaro a lo largo de los caminos enfangados de su país. Un músico de éstos vale más que todos los gramófonos del mundo* (*Mi vida,* pg 113). Prosiguiendo con su relato, conoció también al actor más famoso de Hungría entonces, Beregi, a quien el gobierno expulsó en septiembre de 1919 del Teatro Nacional, tras la corta dictadura del proletariado, en la cual Beregi tuvo un reconocido papel. Con el actor Isadora vivió un bonito romance amoroso que escandalizó a su querida madre y su recién llegada hermana Elisabeth. Juntos se escaparon alguna noche a dormir abrazados a una cabaña de campesinos. Isadora le llamaba Romeo, el nombre del papel que representaba el día que lo conoció, y reconocía que tenía una hermosa voz con la que le cantaba canciones populares y de los cíngaros. Estaba exultante de felicidad, mientras su hermana y su madre vivían este romance con angustia y trataban de decir a la joven apasionada, que estaba alejándose de su arte actuando de esa forma. A Isadora le pareció tan insoportable la reacción de su familia, que terminó por aconsejarlas un viaje por el Tirol. Ella podía ser muy impulsiva y apasionada pero jamás perdía la cabeza. *Al placer más agudo de mis sentidos ha correspondido una mayor agilidad de pensamiento* (*Mi vida,* pg 119). Reconoció que sentía envidia de todos aquellos que podían sin más entregarse de lleno a conseguir *la suprema gloria del minuto presente.* En esta etapa húngara conoció lo que era sentir el deseo inmediato, aproximarse a la locura de la entrega frenética sin pensar en la posible dejadez de su arte, ni en la desesperación de su madre, ni en la ruina económica, ni en nada. Solo quería desear y ser deseada, estrechar sus brazos en el cuerpo de su amante y sentir lo que era pasar toda la noche abrazados sintiendo esos perfumes y el roce de la piel del enamorado. *Que me juzguen los que puedan, pero que censuren a la Naturaleza o a Dios, porque Él fue quien hizo de aquel momento el más deseable y estimable de cuántos nos es dado a conocer en el Universo. Y, naturalmente, el despertar es tan terrible como elevado el vuelo* (*Mi vida,* pg 120).

Gracias a Alejandro Gross, Isadora recorrió toda Hungría bailando en muchas ciudades. Allá a donde iba cosechaba enormes triunfos. La población obrera y juvenil, sobre todo, la aclamaban en las calles y en los teatros y ella para no ser menos, vestía su túnica *roja revolucionaria* o su túnica blanca con la que recorría las calles montada en un deslumbrante coche de caballos decorado con flores igualmente blancas. La joven era enormemente feliz entre ese pueblo libre y revolucionario, acaso, ¿no era la libertad lo que preconizaba su danza del futuro? Un día pidió a la orquesta de un teatro que tocasen el famoso vals *Danubio Azul* de J. Strauss, y todo el público se levantó aplaudiendo la danza que la joven les ofrecía. Otro día, entristecida por el fusilamiento de siete generales, compuso una danza basada en *una sombría música* de Liszt, compositor húngaro de finales del siglo XIX. Pero Isadora, que se entregaba plenamente a su arte y al amor, necesitaba desesperadamente estrechar con sus brazos a su querido «Romeo». Necesitaba regresar cuanto antes a Budapest y proseguir su historia de amor.

Cuando por fin llegó el día del regreso y el encuentro de los dos enamorados se hacía inevitable, Isadora encontró que su Beregi estaba muy cambiado. Ahora estaba preparando un papel de Marco Antonio y esto le llegaba incluso a transformar su carácter y su actitud habitual. El actor le habló de matrimonio, algo que Isadora, escarmentada por el divorcio de sus padres, no pensó llegar a contraer jamás. «Marco Antonio» incluso, la llevó a visitar cuartos y cocinas. Isadora no sólo estaba horrorizada del rumbo que habían tomado las cosas, sino que decía aburrirse muchísimo, ¿Dónde quedaba ahora la pasión, la entrega y la aventura? La relación parecía haberse enfriado bastante e Isadora, que era ya una abanderada del amor libre, no estaba dispuesta a dejarse llevar por ese tipo de promesas prematrimoniales. Un día, mientras paseaban los dos por el campo, Beregi le habló, según parece, claramente sobre la vida que desea llevar una vez casados: él actuando y ella yendo todos los días a aplaudirle en el teatro además de ayudarle con sus estudios teatrales en casa. Isadora debió pensar entonces: ¿en dónde quedaban en este futuro proyecto sus planes revolucionarios? Isadora se sentía muy lejos de poder bordar el papel tradicional de la mujer casada, cuya vida se organiza en torno al esposo. Era incapaz de digerir semejante papel en su vida. Otro día en el campo, el propio Beregi le insinúo si no sería mejor que cada uno siguiese su carrera por separado. Quizás ya era consciente del rechazo de su enamorada, o puede que las cosas entre los dos hubieran llegado a un punto de desilusión y decepción amorosa que hacía imposible su consecución. Lo importante para el desarrollo de nuestra historia, fueron las consecuencias inmediatas que sufrió la bella Isadora. Años más tarde recordaría la tristeza de aquellos días posteriores a la ruptura, las ambigüedades que la trastornaban, pues si bien tenía muy claro que no deseaba casarse también conocía que perder a su amor suponía una desgracia difícil de superar. A pesar de la tremenda angustia vivida durante estos días, el trabajo era el trabajo y ese mismo día firmó un contrato con Gross para realizar una serie de actuaciones en Alemania. El alejamiento de Hungría se presentaba, además, como la mejor opción para recuperar de nuevo los ánimos. Nunca ha sido fácil recuperarse de una ruptura amorosa, menos si es la primera vez que vives un romance lleno de pasión. Isadora asistió con lágrimas en los ojos al estreno de la obra de su Marco Antonio y siguió llorando en la estación de tren cuando se acercó a despedirla Beregi. Siempre recordaría que aquel viaje de Budapest a Hungría fue, quizás, el peor de su vida. Desecha en lágrimas, roto su corazón y sus esperanzas de amar recién despertadas, cayó enferma durante su estancia en Viena. Gross tuvo que hospitalizarla de lo asustado que estaba. Era incapaz de levantarse siquiera de la cama, no atendía a nada. Enterado de la depresión de Isadora, Beregi tuvo el delicado detalle de viajar hasta Viena para cuidarla y apaciguar en lo posible su tristeza. La paciente mujer de Gross se alternaba por el día y la noche con el actor, consolándola con su exquisita dulzura. Un día, sencillamente, todos los males causados por el desamor desaparecieron de pronto. Isadora cuenta que fue al ver al actor húngaro en compañía de una monja vestida de negro, cuando se dio cuenta de que su sufrimiento había cesado y que estaba dispuesta a bailar y a recuperar las ganas de vivir con alegría. Alejandro Gross le propuso entonces realizar una serie de giras en Franzensbad, Marienbad, y Carlsbad. Volvía a respirar su alegría y tesón habitual ofreciendo al público sus danzas engalanada con sus queridas túnicas rojas revolucionarias. Fue entonces cuando juró que jamás dejaría su arte por el amor de un hombre. Desconocía por completo las duras tragedias que el destino le estaba preparando.

Munich fue otro de los lugares en donde el valiente Gross había planificado más actuaciones. Era entonces esta ciudad sureña de Alemania un centro artístico europeo muy importante. Isadora volvió a reencontrarse con su madre y su hermana Elisabeth, quienes mostraron su contento por ver de nuevo a Isadora otra vez sola, aunque estuviera cambiada y algo más entristecida. Antes de este esperado encuentro familiar, Isadora se paró durante el trayecto en una pequeña localidad llamada Abbazia, en donde conoció al Gran Duque Fernando con el que trabó enseguida una buena amistad basada en un interés estético y artístico. El Gran Duque invitó a las Duncan a pasar unos días en su villa. Esta invitación «inocente» no gustó nada en determinados círculos aristocráticos que empezaron a interesarse por la joven, no por su arte, como en un principio pensó Isadora, sino por ejercer el malsano cotilleo de averiguar qué era lo que hacía una joven tan bella y liberal en la villa del Gran Duque y cuál era la verdadera relación que se había establecido entre los dos.

Por aquella época en compañía del Gran Duque, fue cuando inventó un «descarado» traje de baño que fue objeto de muchas y variadas críticas. El traje en cuestión se componía de una tela de crespón muy fina, con un gran escote en la parte delantera y hasta las rodillas. Recordemos que entonces las mujeres cuando se bañaban públicamente, tapaban todo su cuerpo con vestimentas negras, incluidas las medias tupidas y los zapatos del mismo color. El traje de Isadora era otra de sus provocaciones deliberadas. Quería encontrarse más cómoda y sentir el agua del mar en su piel mientras se bañaba. El Gran Duque la admiraba por su osadía, inteligencia y su gran belleza, y la visitaba en su camerino acompañado de sus habituales compañías masculinas, tras cada actuación en el Carl Theatre de Viena. Las murmuraciones continuaron, pero Isadora sabía muy bien que en el Duque no existía ningún tipo de motivación sexual ni amorosa. Al Gran Duque no le gustaban las mujeres, pero sí los hombres. Más tarde, cuando le encarcelaron en el castillo de Salzburgo, Isadora entristecida por esa noticia se preguntó qué persona realmente simpática no tenía algún pequeño defecto, aludiendo a la homosexualidad del Duque

Munich era entonces un centro cultural e intelectual, y uno de los lugares más importantes dentro del mundo artístico era el Künstler Haus. El bueno de Gross quería que su estrella bailase allí, pero antes había que pasar unos trámites y que al menos tres de los maestros de ese teatro diesen su visto bueno. Dos de los tres maestros enseguida accedieron (Karlbach y Lembach) pero el tercero, Stuck, mantenía ciertas reservas. No comprendía que la danza, considerada habitualmente como un arte accesorio de otros, pudiese ocupar un espacio protagonista en ese edificio. Así que Isadora se colocó su túnica en la casa del susodicho y le hizo una demostración práctica además de darle una conferencia de ¡cuatro horas! acerca de los objetivos que perseguía con su arte. Stuck dio su consentimiento inmediatamente y confesó más tarde a sus amigos, que jamás se había emocionado tanto como con el arte de Isadora.

El estreno en el Künstler Haus supuso un auténtico éxito. Toda la ciudad estaba emocionada, o por lo menos, eso es lo que parecen traslucir las propias impresiones escritas por nuestra protagonista. Gross preparó otras actuaciones en la Kaim Saal y el éxito volvió a repetirse. No era sólo que gustase el espectáculo, que emocionase al público, sino que el nombre de Isadora corría por todas las calles de la ciudad enervando a las masas de estudiantes que la adoraban. Los jóvenes eran capaces de estar horas y horas debajo de la ventana de la joven artista esperando a que ésta se asomara para saludar desde su ventana. Otras costumbres menos inocentes escandalizaron «a los burgueses de la ciudad», como la costumbre estudiantil de arrancar pedazos de la túnica de Isadora antes de dejarla medio en cueros en la vía pública. Todos querían adornar sus gorras con pedazos de ropa y flores que hubieran tocado el «sagrado cuerpo de Isadora». La propia artista estaba encantada con esto y ella misma les arrojaba desde su ventana flores y pañuelos. En Munich, al contrario que en Hungría, encontró una cierta calma en sus deseos sensuales, aplicándose con más dedicación al estudio, a la lectura de la filosofía alemana, sobre todo de Kant y Schopenhauer a los que llegó a leer en su lengua original. *Y me parecía como si hubiera penetrado en un mundo de pensadores superiores y divinos cuya inteligencia era más amplia y más santa que ninguna de las que había encontrado en mis viajes por el mundo* (*Mi vida,* pg 127). Las discusiones con distintos filósofos, artistas, la bebida de una buena cerveza, supusieron un regreso a su *interrumpida concepción intelectual y espiritual de la vida* (*Mi vida,* pg 126). Para Isadora fue muy importante reconocer que en Alemania existía un pensamiento sobre el valor de las artes muy similar al suyo. No era raro oir discutir de filosofía y música en las calles y lugares de encuentro. Para ella lo básico estaba en la danza y el teatro. Como siempre que llegaba a un nuevo lugar, pateó la ciudad parándose detenidamente en todos los museos y bibliotecas que iba encontrando en su camino, y curiosamente, al ir visitando ciertas salas de arte, empezaron a germinar en ella y en su hermana unos enormes deseos de conocer Italia. Si Berlín había supuesto un encontronazo con la cultura griega, Munich le había suscitado conocer con cierta urgencia la ciudad de Florencia, hacia donde se dirigió con su hermana en tren.

De camino hacia Italia visitaron el Tirol y las llanuras de Umbría. La llegada a Florencia se vivió con un estado de éxtasis y emoción indescriptible. Las dos hermanas (nada se dice de su madre. ¿Estaría otra vez enferma?, ¿se habría quedado en Munich?), recorrieron todos las jardines, calles, plazas, museos, bibliotecas y olivares que pudieron encontrar, pero lo que más encandiló a Isadora fue *La Primavera,* un lienzo de Sandro Boticelli (1446-1510). Florencia fue la cuna del arte renacentista, la ciudad de arquitectos como Brunelleschi y Leon Battista Alberti, de escultores como Donatello y Lorenzo Ghiberti y pintores como Masaccio, Paolo Ucello y el propio Botticelli.

Como explica E.H Gombrich (*La historia del arte contada por E.H. Gombrich.* Ed. Círculo de Lectores, pg 263):

Los poetas griegos y romanos fueron conocidos a lo largo de todo el medievo, pero solamente en la época del Renacimiento, cuando los italianos trataron de recuperar la primitiva gloria de Roma, tales mitos se hicieron populares entre la gente instruida. Para ésta, la mitología, era algo más que un alegre y delicioso cuento de hadas. Estaban convencidos de la superior sabiduría de los antiguos y creían que todas las leyendas clásicas debían de contener alguna verdad misteriosa y profunda.

Eso mismo pensaba Isadora que pasaba horas y horas ensimismada ante la contemplación del cuadro tratando de encontrar el sentido de la primavera. *Tenía la impresión de que la existencia no había sido para mí sino un ciego tanteo, un ciego desorden, y que, si encontraba el secreto de esa obra, podría mostrar al mundo el camino que conduce a la riqueza de la vida y al desenvolvimiento del placer.*

El cuadro de *La Primavera* que hoy en día se puede contemplar en la galería de los Uffizi en Florencia, ha tenido diversas interpretaciones. Según se puede leer en la página 59 del libro titulado *Clásicos del arte* (Ed Noguer S.A, Barcelona, 1983) Warburg advertía que en la citada obra, se comenta una historia ya relatada por antiguos poetas como Poliziano. En el cuadro, según esta interpretación, estaría dibujado el Céfiro que persigue a Flora, y que, poseída finalmente por él, la convertiría en la hora de la Primavera, esparciendo flores sobre el mundo. La figura de la diosa Venus en el centro del lienzo, representaría la *Humanitas*. También se muestran las tres gracias danzando y Mercurio que disipa las nubes. Otro historiador, Jacobsen, vio sin embargo en el cuadro, un *misterio relacionado con la muerte de Simonetta Vespucci*. Gombrich, por otra parte, alude *al juicio de Paris en el momento en que Venus entra en escena, según la descripción de Apuleyo en el Asno de oro.*

Para todos los humanistas del siglo XVI, Mercurio representaba el buen consejo y la razón, y las tres gracias, la liberalidad. Otra interpretación totalmente diferente, asigna a cada personaje de la obra, una estación del año, desde febrero hasta septiembre, ya que se evitaba la representación de los fríos meses invernales en el arte, probablemente por superstición.

Han existido tantas interpretaciones de esta conocida obra, que es difícil quedarse con los elementos de análisis más repetidos a lo largo de la historia. Quizás, la mejor interpretación del cuadro la concedan los numerosos textos de la época en que se realizó el lienzo, en los que se refleja la concepción que tenían los propios humanistas de los personajes aquí retratados. Según estos escritos, en la obra se representarían dos ideas básicas, a un lado estarían los sentidos y los amores materiales, y a otro, los valores espirituales. Independientemente de todas estas versiones sobre el significado iconográfico del cuadro, lo que nos interesa ahora dejar claro, es la devoción que sintió por él

Isadora, que se puso inmediatamente a crear una danza que transmitiera toda la alegría y emoción que le había supuesto la contemplación de esta obra. Deseaba inventar nuevos ritmos, nuevos movimientos que expresaran todo lo que la vida le iba enseñando. En la vida, *hay que encontrar el camino que conduce al placer y a la riqueza*, entendiendo como riqueza, el conocimiento, adquirir una cierta sabiduría, y no malgastar tu vida en el simple cúmulo de cosas materiales. (*Mi vida*, pg 128). En Florencia, prosiguió con su costumbre de bailar en salones aristocráticos a los que asistían personas intelectualmente muy formadas. Influida por el arte italiano, que la subyugó desde el principio, utilizó exclusivamente en esta ocasión para inspirarse en sus danzas, música de Monteverdi y de otros compositores italianos del pasado. Isadora sabía congraciarse con su público, otorgarle alguna satisfacción.

En Florencia, el tema económico siguió siendo un problema para los Duncan, que solían tener muchos gastos y apenas ingresos. A los pocos días de cobrar las representaciones ya se habían quedado sin nada y tuvieron que telegrafiar a Alejandro Gross para que les enviase lo antes posible el dinero suficiente para poder comprar los billetes de regreso a Berlín.

Berlín, capital de la Alemania unificada en la actualidad, era entonces una ciudad muy movida llena de espectáculos y debates artístico-culturales. Toda la ciudad estaba repleta de carteles y letreros anunciando el próximo espectáculo de la joven, algo que dejó estupefacta a la propia Isadora, tan poco acostumbrada todavía a la fama. El estreno se celebró en el Kroll,s Opera con la Orquesta Filarmónica con un gran éxito. Era la primera vez que a Isadora le hacían una entrevista para la prensa, ocasión que ella utilizó para dar una conferencia improvisada acerca *de la grandiosa concepción del arte de la danza que traería al mundo el renacimiento de todas las artes*. El público alemán era muy culto y sabía escuchar con bastante seriedad. Estaban muy interesados por los debates filosóficos y artísticos. Entonces, Isadora lamentó que su pueblo americano se encontrase tan lejos de la formación cultural alemana. Su empresario, Alejandro Gross, había invertido toda su fortuna en lanzar a Isadora. No escatimaba ningún gasto en publicidad, y contrataba las mejores salas y orquestas para ella. Que duda cabe que el gran éxito que obtuvo Isadora entonces, se debió en gran parte, al arriesgado plan de este empresario. Los periódicos berlineses daban noticias gustosas acerca del gran éxito de la joven en la ciudad. Isadora deslumbraba, mostraba un arte muy original y expresivo con muy pocos medios: una sencilla cortina de color azul servía como único decorado de sus danzas.

Isadora se mostraba muy agradecida por tanto apoyo y muestras de verdadero afecto:

Recibí el encantador homenaje habitual en Alemania: el público desenganchaba los caballos de mi coche y me arrastraba en triunfo por las calles berlinesas, a lo largo de Unter den Linden, hasta mi hotel. Desde el días de mi presentación, el público alemán me conocía por los nombres de «divina y santa Isadora» (*Mi vida,* pg 130).

Un día llegó a Berlín desde América su querido hermano Raymond. Había vivido sus aventuras pero echaba de menos al resto de su familia. Llegó con nuevos proyectos aventureros. Tenían que viajar a Grecia, porque, ¿acaso no era el arte griego el que había sustentado todas sus creencias artísticas? El viaje además, tendría que emular el viaje de Ulises narrado en la *Odisea* de Homero. Sólo existía un problema, Alejandro Gross.

Isadora trató de convencer por todos los medios de los que era capaz a su empresario de que la dejase hacer ese viaje. Ella sabía que el ir a Grecia suponía terminar bruscamente con todos los contratos y proyectos planeados por Gross. A Isadora jamás le interesó la fama, ni el dinero, ni conocer el mundo… Ella sólo quería ser libre para poder seguir sus impulsos y poder vivir su vida con plena alegría. Gross no tuvo más remedio que aceptar lo que se le venía encima; había invertido todo su capital y ahora la protagonista le comunicaba su marcha y quién sabe por cuánto tiempo, pero Isadora era una mujer inteligente, muy independiente y presumiblemente bastante orgullosa y cabezona como para negar sus propias necesidades.

V. GRECIA

Isadora y el resto de su familia preparaban obsesivamente el viaje deseado. Este viaje supuso reunir de nuevo a todo el clan y la culminación de un sueño proyectado desde la infancia. Isadora relata de forma bastante pormenorizada el recorrido que siguieron desde Alemania hasta Grecia. Primero tuvieron que tomar un tren hasta Italia. Allí se pararon para conocer Venecia. Durante varias semanas recorrieron todos los museos e iglesias de la ciudad, pero Venecia no tenía el atractivo que habían encontrado en ciudades como Florencia o París. Se plantearon realizar el viaje a tierras griegas de modo primitivo. Recorrerían parte del mismo trayecto que hiciera Ulises en la *Odisea* de Homero. En esta obra poética, el tiempo narrado sólo comprende las últimas seis semanas de los diez años de duración del viaje a la isla de Ítaca, describiéndose las aventuras de Ulises-Odiseo, que aparece en la narración, como el modelo humano de sabiduría y de superación de las adversidades. El viaje de los Duncan debería realizarse de manera similar; nada de lujos, ni ropajes a la occidental. No se trataba de un viaje turístico sin más. Era una emulación histórico-cultural, un homenaje completo a su querida cultura griega. Alquilaron un barquito de vapor en Brindisi con el que navegaron hasta Santa Maura. En esta localidad admiraron la antigua Itaca y *la roca desde donde la poetisa Safo se arrojó al mar*. También evocaron algunos versos del poeta romántico Byron.

Desde Santa Maura, un barco de vela dirigido por dos marineros les llevó al golfo de Ambracia y a la pequeña ciudad de Karvasaras. De este recorrido Isadora recuerda el tremendo calor que hacía en junio en estas latitudes y lo cambiante que era el mar

Jónico. Sufrieron fuertes tormentas arriesgando incluso su vida. Eran unos aventureros que parecían no temer a nada ni a nadie, para ellos lo más importante era sentirse felices de poder repetir el mismo viaje y en parecidas condiciones a como lo hiciera Ulises, el rey de Itaca, tras su regreso desde Troya.

En un alto en el camino visitaron la ciudad turca de Prevesa, en la costa del Epiro. Allí compraron provisiones al estilo griego: queso de cabra, aceitunas y ahumados. Pero en el barco no había forma de conservar los alimentos, la humedad y el tiempo transcurrido de navegación, convirtieron el aire en un olor insufrible e indescriptible.

Al llegar a Karvasaras la alegría fue infinita. Bajaron todos del barco saludando a los habitantes en el poco griego que habían podido aprender, mezclando sus saludos con alabanzas a los dioses griegos de la antigüedad: *¡Salud, oh olímpico Zeus!*, *¡Y Apolo!*, *¡Y Afrodita!*, *¡Preparaos, oh musas, a bailar de nuevo! Nuestros cantos despertarán a Dionisos y a las bacantes dormidas* (*Mi vida*, pg 134).

En Karvasaras no había ni hotel ni ferrocarril, símbolos de la modernidad. Era un pueblo pequeño nada acostumbrado al turismo. La familia tuvo que alojarse por lo tanto en una habitación de una posada y acostarse sobre unos duros colchones llenos de pulgas, mientras Raymond, ajeno a todas estas incomodidades, disertaba durante toda la noche sobre las enseñanzas transmitidas por Sócrates. Pero qué felicidad encontrar todavía ese modo de vida tan sencillo y en contacto con la naturaleza. La admiración que tenía toda la familia Duncan hacia la cultura griega antigua era tanta, les parecía indiferente la pobreza en la que vivían. Estaban todos juntos de nuevo en la tierra donde nacieron la filosofía y la tragedia y que ahora ellos pretendían recuperar de nuevo.

De Karvasaras se dirigieron a continuación hacia Agrinion, montados en un coche tirado por dos caballos. Toda la familia se puso de acuerdo en viajar con túnicas al estilo griego, sandalias y ramas de laurel en las manos. Qué menos que rendir así un homenaje a la cultura que más apreciaban entonces. Por el camino se alojaron en otra posada, en donde comprobaron por primera vez, las delicias del famoso vino conservado con resina. No todo fueron placeres. El camino hacia Agrinion presentó también sus peligros que se acentuaron en esta travesía ya de por sí venturosa: perros salvajes que les atacaron, corrientes de ríos muy fuertes en los que casi perecen Isadora y Raymond. Un día llegaron a Stratos y desde allí se encaminaron hacia Agrinion, final de esta etapa turística. A la mañana siguiente se dirigieron hacia Missolonghi en diligencia. Deseaban hacer un homenaje a Byron, muerto en dicha localidad, cuando ésta se sublevó contra los turcos. Rememoraron sus versos que sabían de memoria y el lienzo de Delacroix titulado *La sortie de Missolonghi*. Llegaron a Patras. Por fin pudieron descansar de tantas emociones y trajines. Muy pronto asomó de nuevo la duda: ¿hacia dónde ir ahora?, ¿era mejor primero encaminarse hacia Olimpia? ¿o era preferible dirigirse hacia Atenas? La respuesta fue unánime: era preferible llegar a Atenas y contemplar con entusiasmo la famosa Acrópolis. Isadora describe detalladamente sus primeras impresiones al contemplar la Acrópolis utilizando las palabras de éxtasis, placer, deleite pleno. La familia se abrazó con lágrimas en los ojos por la emoción. Estaban todos allí, en la tierra que comprendió mejor el concepto de Belleza. Los campesinos griegos que les observaban tan absortos ante las ruinas, se quedaban estupefactos sin comprender nada de aquellos extranjeros tan extraños que acababan de desembarcar en sus tierras. Para Isadora, Atenas, *era una belleza demasiado sagrada para las palabras. Golpeaba nuestros corazones con un extraño terror* (*Mi vida,* pg 137). La odisea griega volvió a reunir de nuevo a todo el clan Duncan: la madre, Isadora Duncan, el hermano mayor, Augustin, Elisabeth, Raymond y Dorita o Isadora, nuestra protagonista. Qué más podían pedir. Isadora y su familia llegaron a Grecia en el año 1903. Atrás dejaba la joven de veinte años sus triunfos por Hungría y Alemania, sus representaciones en los mejores salones de Londres y París y las primeras decepciones amorosas. Nada más llegar a Atenas, debió ser de tal calibre la emoción sufrida al contemplar la Acrópolis y volver a recrear a los grandes clásicos en su tierra de origen, que juraron *que el clan*

Duncan se bastaba a sí mismo y que los demás no habían hecho otra cosa que distraernos de nuestros ideales (*Mi vida,* pg 137). Los ideales constituían la principal motivación para la familia Duncan, en especial para Isadora, dedicada durante toda su vida al estudio de la danza. Llevados por su carácter apasionado e idealista, decidieron que nunca saldrían de Grecia. Querían dejar atrás a otros países que nunca habían entendido el alcance de las ideas renovadoras que ellos proponían; ahora se encontraban en una tierra «sagrada» de las artes y la filosofía, Atenas, además, les proporcionaba todo el placer estético que ellos necesitaban.

Si querían reformar la Danza, devolverla a su sitio clásico dentro de la tragedia, contribuir a la libertad del hombre, en especial de la mujer, ¿qué mejor que construir un templo dedicado a ella? Isadora disponía, gracias a las exitosas giras proyectadas por Alejandro Gross, de suficientes reservas en el banco para realizar tamaña empresa. Decidido el plan, se pusieron enseguida a buscar el terreno soñado.

Buscaron y miraron sin cesar, apasionados e impacientes como eran todos los Duncan sin excepción, terrenos en Colonos, en Phaleron y en todo el Valle del Ática, pero no encontraron en estos lugares el sitio ideal para sus propósitos. Un día descubrieron que por la zona llamada el Himeto (famosa por sus colmenas y su miel), había un terreno situado a la misma altura que la Acrópolis pero de la que distaba más de cuatro km. Por fin habían encontrado lo que buscaban, ¿qué mejor lugar para construir un templo que un lugar que tenía la misma altitud que la sagrada Acrópolis? Pero este terreno, ya desde el principio, presentó una serie de inconvenientes que los Duncan se propusieron solucionar rápidamente. En primer lugar, los propietarios, unas cinco familias de campesinos que utilizaban el terreno como pasto, viendo el interés desmesurado de los Duncan por la compra de aquel terreno infértil, les exigieron una cantidad muy elevada por la compra de este solar que en principio, pensaban, no valía nada. En segundo lugar, Kopanos, nombre del lugar, estaba bastante distante de la capital. El suelo del terreno era muy rocoso, muy duro, sin apenas vegetación, tan sólo algunos cardos parecían querer nacer allí. Y por último, estaba el problema del agua; era inexistente convirtiendo al terreno en un auténtico secarral sin ningún valor. Pero los Duncan, una vez que habían tomado la decisión, la llevaban adelante solventando con gran imaginación y entereza todas las trabas que se iban interponiendo en su camino. Ya sabemos que a los Duncan normalmente les desagradaba hacer negocios, pero cuando el dinero no abundaba en demasía, eran los primeros en regatear los precios. Para conseguir rebajar el precio del solar, invitaron a todos los propietarios a disfrutar de un auténtico banquete compuesto por los platos más suculentos como el cordero y otros manjares y saborear con placer la bebida de unos buenos vinos y licores. Un notario, también asistente a la cena, había preparado de antemano un contrato de compraventa bastante favorable a los Duncan. El efecto de la comida mezclado con la euforia creada por el alcohol hizo que la firma resultara una cosa muy fácil, más, si tenemos en cuenta que los griegos propietarios eran personas analfabetas, y que al no entender nada de lo que el aquel contrato se decía, abrumados, estamparon sus equis en señal de aceptación.

Una vez conseguido el terreno a un precio más que razonable, venía otra cuestión, ¿qué forma se le iba a dar al templo? Raymond deseaba nada menos que construir el templo repitiendo los planos del famoso palacio del rey Agamenón. Él mismo se encargaría de proyectar los planos y de dirigir las obras. Se bastaban a sí mismos, no querían a nadie más, ni siquiera la ayuda de ningún arquitecto. El templo era un proyecto en exclusiva de los Duncan y no permitirían que nadie se entrometiera de nuevo en sus planes. Buscaron, eso sí, campesinos para acarrear piedras y otros menesteres rudimentarios. Las mejores piedras, pensaron, debían ser las mismas con las que están construidos todos los templos y edificios de la Acrópolis, es decir, el mármol del monte Pentélico. Buscarlo allí suponía un gran esfuerzo y sobre todo, mucho dinero.

Aunque ninguno de ellos era inclinado a cosas de Iglesia, pues *todos estábamos completamente emancipados por nuestras ideas científicas modernas y por el libre pensamiento* (*Mi vida,* pg 140), decidieron realizar una ceremonia a la antigua usanza griega, para dar un poco más de solemnidad a la colocación de la primera piedra del templo. Llamaron a un sacerdote vestido enteramente de negro, con un gallo igualmente de color negro para el sacrificio. Isadora describe muy detalladamente toda la ceremonia que llevó a cabo este sacerdote, que dando tres vueltas completas al perímetro del terreno, mientras invocaba, conjuraba y rezaba, degolló al animal sobre las cuatro esquinas del proyectado edificio al mismo tiempo que decía en voz alta los nombres de toda la familia Duncan. Después de esta curiosa ceremonia, hubo música, bailes y cantos durante toda la noche. La construcción no podía pedir un mejor comienzo a pesar de todos los inconvenientes que tenía el terreno.

Decidida la construcción de su templo y puesto que habían jurado vivir para el resto de sus vidas en aquel lugar, lo mejor era confeccionar unas normas de comportamiento que regulasen la vida de la pequeña comunidad, igual que hacen los monjes de un monasterio. Entre las normas estaba el juramento inquebrantable de no contraer matrimonio jamás. Todos se levantarían al salir el sol, realizando diariamente salutaciones a éste, cantarían, danzarían y comerían muy escasamente legumbres, leche y vegetales. Las mañanas estarían dedicadas a enseñar a las gentes del lugar a venerar a los dioses de sus antiguos antepasados, a adorar su cultura ancestral. Por las tardes, meditación y al anochecer, ceremonias paganas con música.

Si el viaje a Grecia había agradado prácticamente por igual a todos los Duncan, la consecución de todas estas normas, no entusiasmaron de la misma manera a todos los hermanos. El hermano mayor, Augustin, el único que se había casado al quedarse embarazada su novia, echaba mucho de menos a su esposa y a su hija pequeña. Los Duncan comprendían, aunque pusieron mala cara, que Augustin quisiera traer a su familia. Un día llegaron a Grecia su esposa y su pequeña, saltándose así una de las normas autoimpuestas: en Kopanos sólo podían vivir los Duncan, al resto se les consideraba personas extrañas, y por lo tanto, indeseables que no hacían más que enturbiar los planes proyectados, aunque se tratase de la cuñada, la nieta o la sobrina.

Isadora nada dice en sus memorias del aspecto físico de la esposa de su hermano y de su sobrina. Tampoco nos da sus nombres. La diferencia descriptiva con respecto a sus amores es tan grande, que no podemos sino pensar, que por su cuñada y su pequeña sobrina, no sentía ningún tipo de aprecio en especial. Sí que relata la desagradable sensación sufrida por ella al tener que convivir en Grecia con dos seres tan extraños a su sensibilidad. Desde luego que no fueron bien recibidos por Isadora, tratándose como se trataba para la joven de dos individuos que venían a perturbar el ambiente más que a aportar cosas novedosas y saludables. La esposa se presentó vestida a la moda de entonces, calzada con zapatos de tacón. Esa imagen fue para Isadora, como recibir un fuerte bofetón. Ella que se había liberado del corsé que oprimía el cuerpo de la mujer, que bailaba descalza para sentirse libre, que luchaba por convertir a la mujer en una persona liberada de los tabúes tradicionales que la confinaban a un ridículo papel de esposa servicial y madre sacrificada, soportaba ahora de mala gana a su cuñada totalmente moldeada en los roles que despreciaba.

Además de los lógicos problemas que podía presentar la convivencia con personas tan distintas en formas de ser, gustos, sensibilidad y objetivos vitales, existían otros problemas de índole práctico que supusieron un quebradero de cabeza, como el problema insalvable de la falta de agua. El problema del agua se había hecho evidente a poco de comprar la finca. No había nada en cuatro kilómetros a la redonda, ni siquiera cavando a gran profundidad pudieron encontrar ni una sola gota. Para Isadora, se hizo evidente su teoría de que aquel terreno había servido de cementerio en el pasado, no así para el idealista de Raymond, empecinado hasta extremos enfermizos en poder solucionar este problema. Si no había agua, el joven estaba dispuesto a construir unos puentes artesianos que conducirían el agua desde un río o manantial hasta Kopanos.

Otro problema cada día más claro era el del dinero. Isadora disponía, como hemos señalado anteriormente, de una cantidad generosa en el banco, pero entre los puentes artesianos, los mármoles pentélicos y la mano de obra, nuevamente ampliada, cada día parecía más claro que los fondos económicos disponibles no iban a ser suficientes ni para comenzar a funcionar.

Isadora fue siempre una mujer muy estudiosa. Acompañada por su inseparable Raymond, consiguieron un permiso especial para visitar la Acrópolis por la noche. Hasta allá iban los Duncan que parecían no cansarse nunca y tener energías para todos los proyectos que se les iban ocurriendo. Isadora estudió cada piedra de aquel lugar y de todos los adyacentes, quedando admirada de la arquitectura de los teatros griegos, como el dedicado a Dionisos. En su libro titulado *El arte de la danza* tantas veces nombrado, dice Isadora: *Hoy el teatro está dividido en dos mitades que se ignoran y se desprecian: el teatro musical y el teatro de la palabra hablada. Hay que rehacerlo todo* (pg 107).

En el teatro griego, dice, *no existían ni palcos, ni galerias ni plateas, era un teatro esencialmente democrático* (pg 113). A Isadora no le gustaba la forma ni el contenido del teatro de su época que sigue siendo el mismo que en la nuestra. Un teatro formado por *un estúpido escenario en forma de caja que procede de los tiempos del guiñol italiano* (pg 162) y la actitud de los espectadores que miran en silencio, impasibles, sin participar del espectáculo. Ella deseó toda su vida conseguir de la Danza un arte autónomo y liberador pero inserto en su sitio correcto dentro de la tragedia. Quizás por eso siempre se relacionó tan estrechamente con actores, actrices y dramaturgos. Pensó, tras estudiar durante años la historia del Teatro y la Danza, que en la antigua Grecia, la tragedia servía de catarsis para el público. Ella quería recuperar esa función regeneradora del arte. Devolver la danza a su pureza más original.

Todos los días iban a contemplar la Acrópolis y concretamente su obra cumbre, el Partenón. Para Isadora, la contemplación de la arquitectura griega junto con sus vasos, esculturas y bajorrelieves, constituía una experiencia tan emocionante, que trataba de sumergirse en el fondo de su ser primordial, captar la esencia, su significado profundo, *descubrir el secreto de su éxtasis* (*El arte de la Danza,* pg 129).

Para ella el dios Dioniso representaba toda la inspiración artística, no era solamente un antiguo dios griego, era algo más, era la fuerza creadora, la alegría de la vida, el entusiasmo, el éxtasis, el conocimiento adquirido por medio del placer sensual.

Isadora, decíamos, estudió a la largo de su vida la historia de la Danza, consciente como era de que si quería llevar a cabo una revolución artística con seriedad, primero tenía que conocer en profundidad su historia. Para conocer el verdadero arte de la Danza, no bastaba simplemente con bailar, era preciso estudiar su origen y evolución. Ella conocía por los libros, las danzas de Egipto y de otros pueblos, pero sabía que el origen de nuestras danzas estaba en Grecia. *La gente del pueblo bailaba junta y expresaba así su emoción colectiva, alegre, guerrera o pesarosa* (*El arte de la Danza,* pg 101).

Para todos los Duncan, la experiencia griega era un anhelo antiguo. El pueblo griego tenía para ellos una simpatía y una comprensión perfecta de la belleza de la naturaleza.

De las 1.000 figuras de escultura, los bajorrelieves y los vasos griegos, no hay una sola que carezca de una exquisita proporción corporal y armonía de conjunto (*El arte de la Danza,* pg 65). Isadora vino a Grecia para estudiar las formas del arte antiguo, a empaparse de la sensibilidad y la sabiduría de este pueblo.

Mirando al cielo se sabe por qué Atenea, la Diosa de la Sabiduría, fue llamada ojizarca y por qué el aprendizaje y la belleza se unen siempre en su servicio. Y se siente también por qué Grecia ha sido la tutora de los filósofos, y por qué los más grandes entre éstos han identificado la máxima belleza con la máxima sabiduría (*El arte de la Danza,* pg 68).

Un día, bailando Isadora en el teatro de Dioniso, escuchó una voz de muchacho lamentosa pero muy bella. Asombrados, decidieron correr la voz y pagar generosamente con dracmas, a todos los muchachos griegos que pudiesen enseñarles antiguas canciones. Los voluntarios fueron muy pronto demasiados. La voz se había corrido por todos los pueblos de alrededor y todos los jóvenes acudían al reclamo del dinero fácil. Hubo que organizar una serie de concursos de canto para tratar de descubrir la belleza de las antiguas canciones griegas.

Además de estos concursos, entablaron amistad con un seminarista de una iglesia griega, y visitaban bibliotecas muy a menudo para analizar manuscritos antiguos. Todo esfuerzo era poco para el ambicioso objetivo que se habían propuesto: rescatar del olvido la música griega y crear con las voces más bellas, un coro de muchachos. Su amigo el seminarista, entusiasmado por este proyecto, les regaló una adaptación para el coro de *Las suplicantes* de Esquilo. El entusiasmo era tal que no tenían ni un minuto libre. Estaban todo el día estudiando, trabajando en el templo, ensayando los coros con los muchachos, ideando nuevas danzas, recorriendo desconocidas maravillas como Eleusis, lugar en el que se alojan durante dos días, o la famosa isla de Salamina, en la que Isadora rememoró la batalla de griegos contra persas. No cesaban de leer y de estudiar todos los días, hasta conocerse prácticamente de memoria, las obras de Esquilo, Eurípides, Sófocles y Aristófanes. La afición por la lectura llegó a un extremo tal, que en el propio hotel donde se alojaban en Atenas, el hotel Inglaterra, les ofrecieron un amplio salón en exclusiva para que pudiesen trabajar cómoda y silenciosamente.

La cabeza de Isadora bullía sin parar, buscando una danza que pudiera expresar todas estas emociones, la belleza de las canciones griegas y el éxtasis continuo que sufría en aquella tierra.

El país griego se encontraba en un estado pre-revolucionario. Una gran parte de los estudiantes exigía a la Casa Real la pervivencia de sus tradiciones, la interpretación purista de sus tragedias de las que se sentían tan orgullosos. La Casa Real griega, como muchas otras monarquías europeas de entonces, tenía otro concepto bien distinto acerca de lo que suponía el arte. Lejos del gusto popular, encasillados en una falsa modernidad, no entendían, pese a su privilegiada formación, qué sentido tenían aquellas reclamaciones por la pervivencia de un arte que, pensaban, estaba obsoleto y que además se les antojaba despreciable. Dentro de este contexto crítico, las ideas de Isadora resultaron doblemente alentadoras entre los jóvenes que la aclamaban por las calles de Atenas. Isadora siempre había apoyado las nuevas ideas que salían de la juventud. Ya había sido aclamada febrilmente por las masas populares en Hungría y en Berlín y de nuevo levantaba pasiones por su aire renovador, revolucionario y libertario. Debido al apoyo estudiantil recibido, un día, quizás más llevado por la curiosidad que por otra cosa, el rey Jorge la invitó a su palacio. Isadora ya estaba bastante acostumbrada a tratar con reyes y aristócratas desde su más tierna juventud y siempre aprovechaba estas ocasiones que se le brindaban, para dar seguros discursos acerca de las ideas renovadoras que quería implantar en el arte de la Danza. Pero todo lo que consiguió en esta entrevista, al igual que en las anteriormente realizadas, fue constatar una vez más, que el ballet era el único baile apreciado en el entorno de la realeza, y que jamás entenderían sus ideas. El pueblo era otra cosa.

Así fueron transcurriendo los días hasta que una noche, hallándose sola en su querido teatro de Dioniso, se dio cuenta de que todos sus proyectos estaban en el aire, que no eran consistentes, que eran *como pompas de jabón* (*Mi vida,* pg 148). ¿Cómo podía pretender ella sola transformar todo el arte actual y devolver a Grecia la pureza de antaño? En el fondo, era una joven norteamericana con muchas ambiciones y sueños, con sangre medio irlandesa y medio escocesa, pero nada más.

No sé si dispongo de las cualidades necesarias: puede que no tenga talento ni genio ni temperamento, pero sé que tengo voluntad; y la voluntad y la energía a veces valen más que el genio, el talento o el temperamento (*El arte de la Danza,* pg 60), una de las escasas frases escritas por la propia Isadora en su madurez en la que parece dudar de sus propios recursos y talentos artísticos, quizás por todas las decepciones y tragedias vividas. Pero aquella noche, y esto es lo importante, despertó de un largo sueño vivido y fue más consciente de la imposibilidad real de conseguir todo lo que se había propuesto.

Había pasado un año entero en Grecia cuando decidió volver de nuevo a Viena para presentar su recién creado coro de voces griegas. Le acompañaba su amigo el seminarista. A Grecia regresó repetidas veces. En un periodo de 16 años, la visitó 8 veces, permaneciendo en ella todo el tiempo que sus recursos económicos le permitían, *porque vivir en Grecia es conocer el auténtico origen de la Belleza* (*El arte de la Danza,* pg 127).

Isadora fue malinterpretada muchas veces a lo largo de su vida. Ella aclaró públicamente todas las dudas, pero aún así, en determinados medios, se la seguía acusando de cosas que jamás había declarado ni pretendido. Explicó, por ejemplo, que, nunca pretendió regresar a las danzas griegas originales. Procurarlo era sencillamente imposible. Ella no era griega ni vivía en esa época, pero la danza del futuro que proponía, compartía con ésta algunos elementos, como su carácter religioso y su participación en el coro de la tragedia. Para Isadora *el arte que no es religioso, no es arte, es pura mercadería* (*El arte de la Danza,* pg 63). Decía que denominar su arte como arte griego era incorrecto. Mucha gente entendió que Isadora copiaba las posturas y los gestos de las estatuas y vasos griegos que estudió meticulosamente, pero ella lo que hacía era crear sus propios movimientos inspirada por aquellas imágenes estéticas que tanto le gustaban. Nunca pretendió copiar nada, más bien todo lo contrario, procurarse una danza personal, original, que expresase sus emociones pero que al mismo tiempo tuviera un carácter más universal. *Yo pretendo hablar la lengua de la Humanidad, no el dialecto de un pueblo* (*El arte de la Danza,* pg 128) La danza, debe de ser un auténtico arte, y por lo tanto, sólo puede nacer de nosotros mismos, de nuestras emociones y de la vida de nuestro siglo. Para la mayoría inculta, era más fácil imitar lo superficial, sus trajes y sandalias al estilo griego y la sencilla decoración de sus cortinas azules, que tratar de comprender la esencia de su arte.

Viena les recibió de nuevo con los brazos abiertos. Habían regresado con nuevos objetivos: querían revivir los coros griegos y la antigua danza trágica, pero este renacimiento artístico fue algo que requirió mucho esfuerzo, sin sabores y una gran pérdida de tiempo.

Isadora era una mujer poco mundana y más bien mística. No apreciaba la fama por la fama, ni el dinero, ni los placeres ni los viajes. Para ella, pese a su juventud, sólo existían el estudio y la danza. Nada más, puesto que el amor, tras su primera decepción importante, había dejado de existir.

Viena se interesó sinceramente por sus ideas renovadoras del coro griego, aunque el público en general no entendía muy bien aquellas ideas y prefería los bailes de Isadora, sobre todo su interpretación del *Danubio Azul*. A quien sí le interesó el planteamiento coral fue a un grupo de músicos y críticos de prensa entre los que destacaba Herman Bahr, un crítico importante de la *Neuve Presse*, quien escribió interesantes artículos elogiando el trabajo de nuestra protagonista. Isadora tenía 23 años, Hermann Bahr tenía 30 años, los cabellos castaños y una inteligencia muy atractiva para la bailarina, que estableció enseguida con él una relación exclusivamente intelectual. Muchas veces se preguntó Isadora en su madurez, por qué siendo tan bella y joven se abstuvo durante esos años de mantener relaciones sexuales. La experiencia de la vida le hizo reflexionar acerca de este hecho que le parecía inaudito, pero perfectamente explicable por su educación restrictiva y su fracaso amoroso con Beregi, que le hizo volcarse en su trabajo ignorando su sexualidad y sensualidad a flor de piel.

Desde Viena se dirigió a Munich, ciudad en la que volvió a repetir elogios entre los círculos intelectuales. A pesar de la aclamaciones estudiantiles, su arte sólo parecía poder entenderlo un reducido núcleo de personas. Quizás fuera demasiado revolucionario para el pueblo llano, o demasiado sutil. Desde luego para los músicos de la talla de Fürtwangler, las ideas de Isadora eran muy tenidas en cuenta. Normalmente el coro cantaba mientras Isadora bailaba. La unión del canto con la danza era el objetivo, el núcleo de la tragedia, la forma de conseguir la catarsis liberadora del drama, pero Isadora estaba sola y tenía que representar con mucha imaginación y esfuerzo a las cincuenta Danae de la obra de *Las suplicantes*. Fue entonces cuando se dio cuenta de la importancia que tenía en sus proyectos crear una escuela de danza. Este proyecto no era nuevo, ya que desde su infancia, habiéndose quedado traumatizada por los métodos educativos de las escuelas estatales, deseó formar su propia escuela de niñas. La compasión que sentía por lo niños, por todos los padecimientos que sufrían por las crueldades gratuitas de la escuela, y su deseo de liberar a la mujer por medio de la belleza de la danza, la llevó de nuevo a tomar el firme propósito de crear lo antes posible su escuela, en donde enseñaría a las pobres criaturas más desfavorecidas de la sociedad a vivir y sentir sus propias emociones en un entorno natural, a valorar sus propias iniciativas rechazando otras imposiciones exteriores. La danza era para Isadora la expresión de una comunidad, de un pueblo. Precisamente fue a partir de esa idea de la danza como expresión del carácter de un pueblo, que Isadora desarrolló el coro que fue, desde su origen, el fundamento de toda la tragedia. El actor contaba la anécdota, expresaba el sentimiento particular que el drama provocaba en él; mientras que el coro danzaba y cantaba el asunto general, permaneciendo en un plano superior del drama. La tragedia griega estaba incompleta sin el coro, algo que no comprendieron los primeros compositores italianos, que como Monteverdi, pretendían implantar el espíritu del drama griego. Gluck, a mediados del siglo XVIII se rebeló contra este esquema dramático incompleto y trató de nuevo de imponer el coro en la tragedia, llamada desde el siglo XVII, ópera. Gluck vivió en una época que para Isadora era lo más artificial y afectada posible, y, lógicamente, la sociedad de entonces no pudo apreciar los esfuerzos artísticos de este gran reformador. Más adelante, en la segunda mitad del siglo XIX, Richard Wagner de nuevo, trató de dignificar la tragedia pero olvidó el coro, su esencia. Y ahora le tocaba el turno a Isadora, que nuevamente decepcionada, tuvo que abandonar el proyecto.

Mientras planificaba este proyecto, sus diez muchachos griegos de voz angelical iban cometiendo atropello tras atropello. Influidos por las nuevas costumbres y la fama, empezaron a dar muestras en todos los hoteles y restaurantes adonde iban, de un gamberrismo intolerable para la pacífica Isadora. Los niños griegos se convirtieron en poco tiempo en un grupo de adolescentes malcriados que desafinaban en los conciertos y que se escapaban todas las noches para reunirse con lo peor de la emigración griega en Europa. Isadora estaba desbordada con este tema, no sabía cómo tratar a este grupo de muchachos y un día, harta ya del comportamiento semi delincuente de estos adolescentes, y viendo el error que había cometido el imaginarse que el coro causaría un júbilo que no percibió salvo en contadas personalidades, decidió comprarles ropa nueva y enviarles de nuevo a Grecia para despachar este penoso asunto que le·atormentaba.

Decepcionada de nuevo, decidió dejar para mejor ocasión la idea de la renovación del coro griego y volver a sus clásicos, es decir, bailar de nuevo la música de Gluck y su *Orfeo* y *Efigenia* que cada día admiraba más y conseguir fundar su escuela ideal. Era su nueva obsesión.

La escuela de danza que ella proponía tenía que cumplir dos objetivos básicos: debía ayudar de forma lo más natural y hermosa posible al crecimiento del niño y a educarle en el movimiento. Para ella que tanto apreciaba la vivencia de una infancia libre como la que había tenido, *todos los niños nacidos en la civilización, tenían derecho a heredar la belleza* (*El arte de la Danza*, pg 140). El principal objetivo de su escuela era social y educacional. Lo que quería Isadora era como alcanzar un sueño; llevar la belleza y el arte a la mayoría de los niños, para que, a través de ellos, se implantase una semilla que cambiaría el mundo. Este sueño era tan ambicioso, que necesitaba mucha supervisión y ayuda de los gobiernos. Por eso apeló a todos los gobiernos que fue conociendo de Europa y América sin conseguir ninguna ayuda de ningún tipo, excepto en la Rusia revolucionaria.

La primera escuela que fundó Isadora en 1905 estuvo ubicada en Berlín. Con ayuda privada, consiguió transformar sus sueños en una realidad. Así explicaba la propia bailarina el éxito conseguido:

Mis teorías pronto dieron su fruto. En dos años la escuela transformó a niñas insignificantes, enfermizas y mal educadas, en frescos que competían con los adorables de Donatello o Luca della Robbia. Los niños aprendían a cantar a temprana edad los corales de Mendelssohn, Mozart, Bach y las canciones de Schubert, porque cualquier niño, no importaba su clase, si canta y se mueve con esta música, se verá penetrado por el mensaje espiritual de los grandes maestros (*El arte de la Danza*, pg 140).

Los niños, según Isadora, podían comprender muchas cosas mediante el movimiento de su cuerpo. Muchos profundos secretos de los significados y de las fuerzas de la naturaleza, podían ser dados al niño por medio de la danza. Pensaba que un niño hasta los doce años, debería aprender por medio de la música y la danza. También que la gente, por lo general, suele dar demasiada importancia a las palabras y que existían otros medios de expresión igualmente válidos y potentes. Isadora rechazaba totalmente la escuela en donde exclusivamente se torturaba al niño insistiendo en que aprendiera cosas que, para su inmadura inteligencia, no tenían ningún sentido. Se sorprendía de ver que precisamente las mismas personas que se escandalizaban al escuchar un vocabulario tildado de indecente o blasfemo, pareciera sin embargo, no molestarles ver bailar ciertas danzas como el charlestón o el *black bottom,* tachadas de indeseables por Isadora. En estos temas en los que poseía una sensibilidad muy especial, era donde más consciente se manifestaba la hipocresía social de su época.

Dedicaba muchas horas a pensar y a reflexionar durante el día. Se dio cuenta enseguida, siendo muy joven, que casi todo el mundo repetía desde el aprendizaje de la infancia, un número muy limitado de movimientos que solían coincidir con el establecimiento de una serie de fórmulas de pensamiento también muy repetitivas. Los hábitos de la gente, por lo general, eran asombrosamente limitados. Pensó en algún momento de su vida, prosiguiendo este discurso, que quizás bastaba con enseñar a los niños desde su más tierna infancia una variedad mucho mayor de movimientos, para crear mentes pensantes más ricas, creativas y libres. Es decir, lo que venía a formular Isadora con palabras muy sencillas, era que mediante el aprendizaje de la danza se podía transformar poco a poco la sociedad y que existía una relación estrecha entre la riqueza gestual y la de pensamiento.

Exponía que era de enorme importancia para una nación una buena educación. La educación que ella proponía consistía en entrenar a los niños en la comprensión y ejecución de movimientos de gran belleza *heroica* y *espiritual* (*El arte de la Danza,* pg 164). Esta educación tenía que ir seguida de un levantamiento generalizado de las costumbres más obsoletas. Estar basada en la libertad, ofrecer conocimientos y experiencias sin trabas de ningún tipo, enseñar que la libertad está también manifiesta en la práctica del sexo libre. El sexo como cualquiera de las expresiones humanas debía ser abierto, sano, natural, y libre. Nunca entendió que la sociedad admitiera tantas restricciones en el aspecto sexual, que para ella era algo crucial de su existencia y muy hermoso en sí mismo. El sexo y el arte deberían aprenderse sin prohibiciones de ninguna clase. Por el contrario, sí que había que vigilar y restringir, por ser para Isadora muy perjudicial para el modelo social que ella planteaba, todas las *caricaturas frívolas* y los símbolos del sexo que se encontraban en danzas como el *fox trot* y el *black bottom*. En Isadora parece que nos encontramos de nuevo el concepto de *ethos* griego pero aplicado al mundo de la danza. Esta teoría musical griega explica cómo la música puede influir en el carácter moral de los más jóvenes, y por lo tanto, era de extrema importancia en la antigüedad, asegurar una buena educación musical entre los más jóvenes, con el fin de formar buenos ciudadanos en la polis ateniense. Para ella, los jóvenes que practicaban durante algún tiempo las danzas modernas, se convertían en seres más frívolos, ya que esos ritmos solían ser *estériles para el pensamiento y perniciosos para el espíritu*. Dedicarse a bailar estas músicas, producía un efecto similar al conseguido por alguien que sólo leyese novelas de baja calidad o productos de parecida bajeza literaria o artística. Era de extrema importancia en la educación de los más débiles, el seleccionar los productos artísticos que se ofrecían como modelos.

Algunas veces se ha definido a Isadora como racista, precisamente por rechazar todas estas danzas modernas de origen africano. Isadora nunca ocultó su aversión radical por la música de *jazz* que le parecía sencillamente monstruosa, y se enfadaba si escuchaba decir que el *jazz* era el ritmo que mejor definía el carácter del pueblo norteamericano. Para nuestra bailarina el *jazz expresaba el ritmo del salvaje sudafricano (El arte de la Danza, pg 168)*, pero quizás lo rechazaba por ser totalmente ajeno a la civilización occidental. Su comentario de que la danza de América debía ser una danza limpia, lo que denota es el rechazo hacia lo que considera una cultura primitiva y sin categoría. Dicho con la forma de hablar de una gran mayoría de personas de su época y contexto sociocultural.

En la capital alemana asentó su primera escuela de baile, o como le gustaba definirla a ella, *su primera orquesta de bailarinas* (*Mi vida,* pg 154). El pueblo alemán valoraba la inteligencia, el arte y las discusiones filosóficas. Fue por esa época cuando comenzó todas las noches mientras bebía su tazón de leche, a leer las obras de Kant. En especial le entusiasmó la lectura de la *Crítica de la razón pura* que pudo, a base de estudio y de su don de lenguas, leer en el idioma original del autor.

El joven Karl Federn, quizás el filósofo que más admiraba, le introdujo en las obras de Nietzsche que también comenzó a estudiar en profundidad.

Durante todo el año 1904, un año antes de fundar su escuela en Berlín, la joven inició de nuevo una gira a petición de su empresario Gross, por diversas ciudades de Alemania, como Hamburgo, Hannover y Leipzig. En todas partes se copiaban sus cortinas azules, sus sandalias, por el mero afán emulador. Era famosa, pero detestaba la fama que la aprisionaba. Su empresario la animaba a salir por las noches, ya que organizaba para ella fiestas y recepciones diversas, pero la joven no quería saber nada más de estos asuntos. Sólo deseaba estudiar, proseguir sus investigaciones, crear su escuela.

Un día no pudo más y se plantó ante un desconcertado Gross, dedicado en cuerpo y alma a Isadora. Estaba dispuesta a dejar esas absurdas giras que no hacían sino cansarla y apartarla de sus verdaderos intereses e irse una temporada a Bayreuth. Las lecturas de Nietzsche le habían despertado la curiosidad imperiosa de conocer el *reino del gran Wagner*. La visita por sorpresa de la viuda del compositor, Cósima Wagner, fue el impulso final que necesitaba para decidirse a dejar a Gross plantado.

VI. WAGNER

Isadora llegó a Bayreuth en el mes de mayo de 1904. Cósima
Wagner le había ofrecido trabajar en una próxima representación de
Tannhaüser. Este «drama musical» evoca los dos mundos opuestos
del pecado y la santidad dentro de una atmósfera que recrea leyendas medievales y el folclore alemán. Se instaló en una habitación
de hotel y alquiló un piano para proseguir sus ensayos diarios.
Cósima la invitaba diariamente a su palacio, a pasear y a comer
con ella y con los numerosos invitados que todos los días se senta-
ban a su mesa. La viuda vivía en la mansión de la Villa Wahnfried,
en donde descansaban los restos de su amado esposo. Por la tarde
ofrecía cuartetos interpretados por los mejores músicos alemanes
de entonces. Isadora se había marcado un nuevo reto. Ya no quería saber nada de Grecia ni del mundo clásico, deslumbrada como
estaba por la música de Wagner. Enseguida se puso a estudiar la
partitura de Tannhaüser, y con su disciplina para el trabajo, muy
pronto supo de memoria todo el texto completo de esta obra y de
otras del compositor. *El templo de la colina de Bayreuth, había
eclipsado completamente al templo de Atenea* (*Mi vida,* pg 160).

Durante el verano la afluencia de gente en el hotel empezó a
aumentar de forma considerable. A Isadora le parecía muy incómodo trabajar con tanto gentío a su alrededor y consiguió mudarse
a un antiguo pabellón de caza en Margrave, muy cerca de la Villa
de Cósima. Este pabellón estaba habitado por una familia de campesinos, que le dejaron el habitáculo que era suficientemente
grande para que una o dos personas lo habitaran con comodidad
por un poco de dinero. El pabellón era muy agradable pero estaba
desgastado y le hacía falta una mano de pintura. Isadora compró

97

pintura y la decoró con un verde claro, adquirió nuevos sofás, butacas y libros que le hacían falta para estudiar y leer incansablemente todas las noches.

¿Dónde estaba su querida familia? Desde el «fracaso» de la aventura griega, el grupo familiar se había vuelto a desperdigar por diversos sitios: Raymond continuaba empecinado en construir el templo de Kopanos y en solucionar el problema de agua con los puentes artesianos, que lo único que hacían eran saquear el dinero de Isadora. Su hermana Elisabeth y su madre se encontraban veraneando tranquilamente en Suiza, y el mayor, Augustin, estaría en algún otro sitio con su familia.

Isadora vivía a sus anchas acompañada por una misteriosa amiga llamada María y ayudada por el servicio, una cocinera y un criado. El estatus económico de Isadora había cambiado por completo, pasando de la pobreza a disponer, como una buena burguesa, de servicio y todo.

Como siempre que se instalaba en un nuevo lugar, Isadora nos narra qué nuevos personajes la iban llamando la atención. El primero en ocupar sus páginas fue el exaltado Heinrich Thode, un poeta que la vigilaba todas las noches medio escondido entre unos árboles. Una noche, al darse cuenta Isadora que un hombre agazapado la observaba, salió de su cabaña toda decidida a entablar conversación con él. Ese fue el comienzo de una relación amorosa pura, idealizada, sin sexo, que en palabras de la joven se traducía en *un amor que jamás pensé que podía existir*. Según sus propias declaraciones, desde su relación pasional con Beregi, hacía dos años ya, no había podido conocer carnalmente a hombre alguno. Nunca había sentido tal éxtasis de amor, un sentimiento de deleite muy acusado, *que se desparramaba por todos mis nervios y que llegó a ser tan fuerte, que el menor roce de su brazo me producía estremecimientos de éxtasis* (*Mi vida*, pg 163). Thode la visitaba todas las noches en la cabaña. Pero nunca la acarició como un amante, ni jamás procuró desatar su túnica ni tocar sus pechos y ninguna otra parte de su cuerpo, *aunque él sabía que todas le pertenecían* (*Mi vida*, pg 163). Isadora siempre amaba con pasión, con una entrega tan intensa, que a veces la confundía con la muerte: *Yo no podía hacer otra cosa que contemplar sus ojos y desear la muerte, pues no había como en el amor terrenal, ninguna satisfacción ni reposo, sino esta sed delirante de morir* (*Mi vida*, pg 163).

Perdió el apetito y el sueño. Sólo podía soñar volver a estar con él. Thode le leía febrilmente su libro sobre *San Francisco* y la *Divina Comedia* de Dante, mientras Isadora quedaba absorbida por completo por este soñador que tanto se parecía en lo físico e intelectual, a otro seductor conocido por ella, Gabriel d´Annunzio.

Un día Isadora tuvo la idea de conocer a la mujer de su enamorado y se quedó muy sorprendida del contraste tan acusado de personalidades. La mujer de Thode era una persona muy práctica y nada apasionada y su marido, le era infiel constantemente. Ella o no parecía tener celos o no los daba a entender, sencillamente seguía con su vida con o sin Thode. A Isadora le pareció que esa postura era la más inteligente a seguir con el poeta, ya que sentir celos por un hombre tan infiel, hubiera supuesto en cualquier caso, una auténtica pesadilla. Thode siempre era el centro magnético de todas las reuniones, constantemente solicitado por jóvenes y mujeres de todas las edades y condiciones.

Isadora estaba profundamente enamorada de este hombre por el que no podía comer, ni dormir y por el que era capaz de viajar durante varias horas por las noches, con tal de verle un breve momento que siempre era insuficiente. *El éxtasis espiritual que me había inspirado en Bayreuth, fue poco a poco convirtiéndose en un estado de deseo irreprimible* (*Mi vida*, pg 174). Estaba claro que deseaba un cambio. Tras Grecia y el estudio de Wagner, Isadora necesitaba nuevos estímulos intelectuales acompañados por excitantes experimentos sensuales.

También nos habla de Ernst Haeckel, un científico iconoclasta autor de obras tan avanzadas en el pensamiento como *La historia del Universo*. Al parecer, este científico fue desterrado de Berlín precisamente por sus ideas avanzadas y liberales. Isadora ya conocía su obra desde su estancia en Londres. Admirada del libre pensamiento con que ejercía su magisterio científico, la joven le invitó a que se conocieran en una localidad tranquila como

Pertpiel. La joven fue a recogerle a la estación y aunque no se conocían personalmente, se identificaron al instante. El científico debía de tener unos sesenta años, pero conservaba un bonito cuerpo atlético, una poderosa mata de pelo blanco y *un fino perfume de salud, de fuerza y de inteligencia* (*Mi vida,* pg 167). Isadora se solía mostrar habitualmente muy generosa con los que adoraba. Al científico le alojó en su propia cabaña, que había decorado con pétalos de flores aromáticas y muchos cojines para que estuviera lo más cómodo posible.

Cósima Wagner no recibió de muy buena gana al nuevo invitado de su amiga por sus firmes creencias católicas. Isadora, como no, paseó junto a su nueva revelación orgullosa de su brazo. Juntos fueron al estreno de la nueva versión de Parsifal y causaron una gran sensación; ella con su túnica y sus pies descalzos agarrada del brazo de Haeckel, y éste por sus comentarios agudos y sarcásticos. La joven se dio cuenta enseguida, que pasada la primera impresión de sorpresa por la novedad, a su amigo el científico, aquel tono místico de las obras de Wagner le empezaba a aburrir soberanamente. Ese carácter místico y dramático que tiene la música wagneriana, casaba francamente mal con su visión natural y simple de las cosas. Sencillamente, todas aquellas historias mitológicas que terminaban en tragedia, le parecían demasiado densas y complicadas, fuera de la vida real. Lo suyo era la naturaleza, escalar por las montañas, dibujar las plantas y los árboles. Algunas veces invitaba a la misma bailarina a escalar alguna montaña cercana. Isadora, acostumbrada a trasnochar, aceptaba no de muy buen grado el levantarse tan temprano, pero le acompañaba siempre que su nuevo amigo iba al campo a observar la naturaleza y a extasiarse con los bellos paisajes que contemplaban desde las altas cimas. Nadie del entorno de Cósima hizo nada para saludarlo ni integrarlo en Bayreuth. Nadie organizó ninguna fiesta de bienvenida. Era un proscrito, un hombre de ideas avanzadas al que no le interesaba, para nada, toda la pompa y el artificio que se solía dar al tipo de eventos socio-culturales presentes diariamente en la vida del entorno de Cósima. No le ocurría lo mismo a Isadora, su anfitriona, su amiga y por lo tanto, la única interesada en concertar un encuentro en su cabaña con Fernando, el rey de Bulgaria, la propia hermana del Káiser y otras personalidades escogidas de las monarquías europeas. En todos estos encuentros Isadora defendía sus principios artísticos, se bailaba y cantaba, se debatía, se comía y se bebía en abundancia hasta el amanecer.

Fernando, rey de Bulgaria, conoció así a la joven protagonista, en la villa de Cósima Wagner. Un día apareció en la villa y todos quedaron muy sorprendidos por la osadía de la joven, que permaneció echada en su sofá tranquilamente, mientras los demás invitados se levantaban en señal de respeto. Isadora siempre había declarado ser una demócrata vehemente (*Mi vida,* pg 170), una librepensadora, para la que continuar con esas costumbres vasallas constituía un atraso que había que subsanar. La joven recogía, con su exquisita sensibilidad, todo el debate social que se había levantado desde hacía años entre algunas mujeres y hombres que perseguían mayores libertades y derechos para todos por igual. Como ejemplo de esta idea, baste citar algunos artículos del conocido documento *Declaración de Seneca Fallas o declaración de sentimientos* con fecha de 19 de julio de 1848. A partir de la publicación de este conocido texto, se empezaron a canalizar los movimientos feministas, primero en América, después en otros países. Uno de los artículos dice:

Decidimos: que todas aquellas leyes que sean conflictivas en alguna manera con la verdadera y sustancial felicidad de la mujer, son contrarias al gran precepto de la naturaleza y no tienen validez, pues este precepto tiene primacía sobre cualquier otro o por ejemplo que *Decidimos: Que todas las leyes que impidan que la mujer ocupe en la sociedad la posición que su conciencia le dicte, o que la sitúen en una posición inferior al hombre, son contrarias al gran precepto de la naturaleza y, por lo tanto, no tienen ni fuerza ni autoridad.*

Además de la igualdad legal entre hombres y mujeres que acusan estos artículos, inexistente por completo en la época de Isadora, en la que en la mayoría de países, por no decir en la totalidad de ellos, la mujer ni podía votar, ni presentarse a las elecciones, ni ocupar cargos públicos, ni afiliarse a organizaciones políticas o asistir a reuniones políticas, ni tener propiedades, ni dedicarse al comercio o tener negocios propios o abrir cuentas corrientes, otros tres ejes sustentan estas normas: la educación de la mujer, que en la mayoría de los casos no iba más allá de un simple barniz instructivo necesario para el cuidado del hogar y de los hijos; el matrimonio, que suponía para la mujer una muerte civil, puesto que al estar casada no estaba autorizada a controlar sus ingresos, ni elegir domicilio, ni administrar bienes, ni firmar documentos o prestar testimonio. El marido, como cabeza de familia, era dueño absoluto de la mujer y de los hijos; y el trabajo.

Que duda cabe que el rey de Bulgaria no estaba acostumbrado a que nadie permaneciera sentado en su presencia. Lejos de molestarle la actitud de la joven, el monarca, al observar aquella peculiar rebeldía, le pareció simpática o novedosa, y se sentó con ella, y ésta, aprovechando la buena disposición del rey para la conversación, le comentó todas sus más recientes inquietudes. Isadora le transmitió su deseo de crear su propia escuela de baile, a lo que el monarca contestó que esta idea era muy buena y que le ofrecía su palacio en el mar Negro para organizarla.

El encuentro entre el monarca y la joven fue muy gratificante en aquella ocasión, preludio de los siguientes encuentros que se repitieron muy a menudo y casi siempre por la noche. Isadora le invitaba a su cabaña, y el monarca encantado, comenzó a visitarla todas las noches a pesar de los cotilleos y comentarios de todo tipo a que daban lugar estos encuentros. Las gentes del lugar calificaban a Isadora de extravagante y a su cabaña de *antro de brujería* donde tenían lugar *terribles orgías* (*Mi vida,* pg 171). Supongo, que todos estos cotilleos no sólo no molestarían a Isadora, muy acostumbrada a llamar la atención, incluso intencionadamente, sino que además, es muy probable que la divirtieran. Isadora tenía un rasgo exhibicionista considerable, educada como estaba a buscar el calor y el aplauso del público sí, aunque no a cualquier precio.

Entre Thode, Haeckel, el rey de Bulgaria, y sus ensayos diarios, Isadora se mantenía muy ocupada. Conoció además a jóvenes oficiales en Villa Wahnfield con los que daba paseos a caballo. Isadora cabalgaba con los pies descalzos, vestida con sus túnicas y el pelo al aire. Parecía un personaje heroico sacado a propósito de los dramas wagnerianos.

Una noche llegó el estreno tan esperado de Tannhaüser. Todo el mundo estaba allí esa noche en el teatro, esperando con impaciencia la actuación exquisita de la joven. Isadora salió con su famosa túnica transparente al escenario, como siempre hacía, pero lejos de entusiasmar al público como había hecho en tantas ocasiones, en el ambiente conservador y reaccionario de Bayreuth aquella imagen del cuerpo visible de la hermosa Isadora, moviéndose sin trabas por el escenario, supuso un verdadero escándalo que alcanzó a su anfitriona, la impertérrita Cósima Wagner. La pobre viuda admiraba la inteligencia y el tesón de la Duncan, creía sinceramente en sus proyectos artísticos, pero su pudor, su férrea fe católica, o quién sabe, sus propias restricciones personales, provocaron un conflicto en ella. Cósima escandalizada, mandó al camerino de Isadora a una de sus hijas para rogar a la joven que se colocase debajo de aquella túnica, una camisa blanca que tapase su cuerpo. Este incidente narrado por la propia protagonista, fue de alguna manera, el principio del fin de su estancia en aquella localidad. La Duncan se empezaba a cansar de Bayreuth, era más consciente de qué poco podía aprender ya allí, y de que su propio camino nada tenía que ver con aquel ambiente tan conservador. No dejaba de ser curioso, que la señora viuda de uno de los compositores más modernos de finales del siglo XIX, como lo fue Richard Wagner, se indispusiera tanto al ver el cuerpo de una mujer casi desnuda, bailando sobre el escenario. Puede resultar paradójico, pero era comprensible dentro del ambiente católico predominante de Cósima y su entorno. Isadora se sorprendió con su habitual ingenuidad, un día que descubrió por casualidad, que la viuda del compositor tenía un enorme crucifijo coronando la cabecera de su lecho.

Muchas mujeres se escandalizaban entonces si veían un cuerpo desnudo en el escenario. La joven reflexionaba entonces sobre lo curioso que le parecía el que las mismas personas que se sentían avergonzadas de ver a otra en cueros, nada dijeran sin embargo, cuando observaban a sus *propias hijas contorneándose en una pista de baile* (*Mi vida*, pg 164). Para Isadora la contemplación de un cuerpo desnudo era lo más natural que existía, lo más puro. ¿No nacemos desnudos? Además, si una bailarina trabaja con su cuerpo, ¿qué hay de malo en mostrarlo tal y cómo es? En este sentido, el primer trabajo de una bailarina sería el cuidado exquisito de su cuerpo, porque tiene que mostrarlo como parte de su trabajo. La desnudez en el baile no tendría que ser una vergüenza sino un arte. Isadora observaba la hipocresía que manifestaban tantas personas en su entorno, al condenar la desnudez pero alabar los tipos de ritmos modernos que tanto censuraba Isadora en su época. Estos nuevos bailes como el *bottom,* tenían todos un origen africano, eran muy movidos, alegres, muy rítmicos, sincopados, pero a la joven le parecían espantosos precisamente por considerarlos primitivos, alejados de la base de la cultura occidental que quería hacer resurgir con toda su pureza. Isadora no sólo censuraba el puritanismo exacerbado de su época, la esclavitud reinante entre las mujeres casadas, sino la falta de libertad sexual, la represión impuesta sin sentido: *muchas madres se escandalizarían si vieran a sus hijas participando en una orgía, que es algo positivo, una verdadera tormenta que devuelve las cosas a su pureza* (*Mi vida,* pg 164). A la joven le parecía perfectamente natural seguir los impulsos que te dicta el corazón. Para ella el Amor y el Arte con mayúsculas, eran la verdad de su existencia, la respuesta al por qué y para qué vivir. Si el amor era lo más preciado que podía encontrar, ¿por qué limitarse en este terreno?, ¿qué había de inmoral o censurable en el hecho de participar en todo tipo de sensaciones placenteras con nuestro propio cuerpo? ¿Por qué sufrir gratuitamente cuando tenemos las herramientas para gozar y ser felices momentáneamente?

A la pregunta de que si consideraba un arte hacer el amor, Isadora contestaba que no solamente hacer el amor, sino cualquier parte de la vida debería ser practicada como un arte, *porque ya no estamos en el estado de los primitivos salvajes, sino en un estado en que la expresión de nuestras vidas debería surgir de la cultura y transformación de la intuición y el instinto del arte* (*Mi vida,* pg 168).

En varias ocasiones, como decíamos, proclamó que en su vida había tenido sólo dos motivos: el Arte y el Amor. Su arte a menudo destruyó el amor, y el arte la llamó muchas veces provocando un fin trágico en sus relaciones amorosas. Entre ellos, opinaba Isadora, era imposible un acuerdo, ya que estaban en una batalla constante. Isadora vivía el amor con mucho apasionamiento. Cuando se enamoraba ya no existía nada más, además de su arte. Pero en casi todas las relaciones que entabló, tarde o temprano parecía que la obligaban de forma sutil a elegir entre seguir con esas relaciones cerradas absolutas y apasionadas, apartando sus ambiciones artísticas, o a olvidar por un tiempo que existía el amor. Recordemos por ejemplo la proposición de matrimonio formal que le propuso Beregi. Isadora parece que quería escapar del matrimonio. Nada extraño si sabemos lo que suponía entonces para una mujer este contrato. En los matrimonios de la época, la mujer tenía el deber de obediencia al marido. El fin de la mujer era la procreación, y por ello, el marido estaba autorizado a hacer uso de violencias, en los límites trazados por la «naturaleza», siempre que no se tratase de actos contrarios al fin legítimo del matrimonio. La mujer sin marido carecía de interés. Si era menor de edad dependía del padre; si no se casaba, era una persona jurídica y civilmente capaz, pero socialmente marginada. Una mujer solitaria. La joven, siempre dijo que abominaba de él, que jamás sería otra de tantas mujeres al servicio de un marido. Ella se proclamaba una mujer libre, trabajadora, una artista singular que traería la liberación de la mujer a través de su danza. Quería vivir de forma independiente y autónoma, aunque sin renunciar al amor, por el que era capaz de entregarse totalmente. También quería vestirse y bailar a su antojo. Para ella la danza era su vida, un vehículo de liberación, de transmisión de ideas y sentimientos. La danza no podía tener normas o pasos impuestos previamente establecidos vacíos de contenido que no entendía ni quería entender. Su arte era un reflejo de su propio pensamiento guiado en todo momento por una idea fija: la libertad de la mujer.

En Bayreuth especialmente, pero igual que en cualquier otro lugar donde actuaba, Isadora provocaba un intenso debate sobre su vestimenta. Los había que se proclamaban admiradores y los que pensaban que era algo inmoral e inadmisible.

Cansada del ambiente católico que se respiraba en Bayretuh, lleno de restricciones, y quizás algo decepcionada con la obra wagneriana, decidió aceptar un nuevo contrato con el paciente Gross y realizar una nueva gira por San Petersburgo. Atrás dejaba el drama y la idea de la Obra Total a Cósima, a Thode y a otros amigos interesantes. A la pobre Cósima Wagner, que pretendió casar a su hijo Sigfrido con Isadora, la dejó boquiabierta y escandalizada de nuevo como si tal cosa antes de su partida. Isadora debió ser una muchacha independiente que no entendía nada de protocolos, ni del que dirán, bastante idealista y algo ingenua. Mientras almorzaban un día en Villa Wahnfried, Isadora se atrevió a declarar públicamente delante de Cósima, que Wagner había cometido un error. Todo el mundo se quedó mudo del terror, quizás no tanto por el sentido del comentario como por el hecho de manifestar una opinión abiertamente delante de la viuda del compositor. El que alguien se atreviese a echar por tierra la idea básica que sustentaba todos los grandes dramas wagnerianos, suponía una libertad de opinión intolerable. Razonaba la joven que el drama musical era una auténtica tontería, puesto que era del todo imposible unir el habla del hombre que expresaba la inteligencia, con la música, que era el éxtasis lírico, y con la danza. Wagner había sido entronizado ya en vida en el altar de los grandes compositores de la historia, y ahora, durante una comida y delante de su viuda, una joven bailarina se atrevía a declarar de forma razonada, que todo eso del drama total, la unidad de las artes cohesionadas con la música, suponía una auténtica estupidez. ¿Qué habrían contestado todos los acérrimos defensores de Wagner? Desarmada la audiencia por la sorpresa, esta «blasfemia» puso punto y final a su estancia en Bayreuth. Un nuevo contrato la encaminó hacia el Este. Había llegado el momento de abrir nuevos caminos en Rusia.

Qué emoción contemplar la nieve blanca rusa. La tranquilizaba aquella calma tan fría y desangelada. *Aquella noche, en mi cama del tren, soñé que saltaba desnuda por la puerta a la nieve, y que me abrazaban, me rodeaban y me helaban sus brazos de hielo, ¿qué hubiera dicho el doctor Freud de este sueño? (Mi vida, pg 175).*

A Rusia llegó un cuatro de enero de 1905. Es curioso que esta sea una de las poquísimas fechas concretas que recuerda Isadora en sus memorias. ¿Qué sucedió ese día? La fecha recordaba el horror que le produjo ver el luto y los ataúdes de unos obreros fusilados porque, sin armas, osaron pedirle al zar un poco de pan para sus familias. La joven juró entonces dedicarse a partir de esta fecha con todas sus fuerzas al pueblo y a los oprimidos. Le pareció al ver aquellas imágenes, que todas sus preocupaciones anteriores eran *fútiles, frívolas.*

En Rusia se estaba preparando la Revolución. La derrota rusa en la guerra ruso-japonesa de 1904-1905 y la consiguiente pérdida de Port Arthur, provocó en parte, que una masa de más de cien mil obreros se manifestara ante el Palacio de Invierno de San Petersburgo. La manifestación fue duramente reprimida el nueve de enero de 1905. Tras este cruento episodio, estalló la huelga general en varias ciudades. La agitación se trasladó de las grandes ciudades al campo. Se estaba ya fraguando la primera Revolución Socialista de la Historia.

De este día del nueve de enero de 1905, se conserva el texto de petición que hicieron los obreros ante el zar, alojado en su palacio sanpeterburgués y que se recoge en el libro titulado: *Bolchevismo el camino a la revolución.*

¡Señor! Nosotros los trabajadores, nuestros hijos y esposas, los ancianos indefensos que son nuestros padres, hemos venido ante ti. Señor, buscamos justicia y protección. Sufrimos una gran pobreza, estamos oprimidos y agobiados con trabajos que superan nuestra fuerza; se nos insulta, no se nos reconoce como seres humanos, se nos trata como a esclavos que deben soportar su suerte en silencio. Y lo hemos sufrido, pero se nos está hundiendo en la mendicidad, la ilegalidad y la ignorancia. El despotismo y el gobierno arbitrario nos está estrangulando, nos está sofocando. Señor, ¡nuestra fuerza se está agotando! Nuestra paciencia ha llegado al límite: ante nosotros ha llegado el terrible momento en que es mejor morir.

Alojada en uno de los mejores hoteles de la ciudad, el hotel Europa, fue agasajada como siempre, por la realeza y la aristocracia. Con miembros de estas familias notables acudía todas las noches a distintas representaciones teatrales. Allí podía observar con todo el estupor del que era capaz, el duro contraste que existía entre aquellas gentes ricas, opulentas, que la elogiaban y la aplaudían sin cesar, y los pobres obreros fusilados que no podía olvidar. ¿Cómo era posible semejante contraste? ¿Y esas personas tan amables que la invitaban al teatro y la aplaudían, eran realmente culpables de tal atrocidad? ¿Eran ellas las que habían ordenado fusilar a esos desgraciados? En la mente de Isadora algo no parecía encajar.

Una de las primeras personas que la visitaron en su habitación de hotel, fue una famosa bailarina de la Escuela Imperial de los Ballets Rusos llamada Sechinsky, que llegó en representación de su escuela. Iba toda enjoyada como correspondía a su fama y su nivel económico. En Rusia, el ballet constituía una de las artes más apreciadas por las clases altas, que premiaban con la riqueza a las intérpretes más notables. Isadora se sorprendió, de la amabilidad y afecto sincero que le profesaron distintas personas del mundo del ballet clásico. Sabido era por todos que el mundo que a Isadora el ballet le parecía un baile antinatural, y que luchaba por conseguir su erradicación. Se declaraba abiertamente enemiga del ballet (*Mi vida,* pg 178), al que consideraba un género *falso* y *absurdo que nada tiene que ver con el arte*. Con Sechinsky fue a cenar en su palacio y aprovechó nuevamente la ocasión, para explicar ante todo el auditorio, cuales eran sus planes revolucionarios en el mundo de la danza y sus intenciones de crear una escuela. Sus ideas nuevas y originales no debieron casar muy bien en aquel ambiente tan emperifollado y conservador, pero el trato con la joven norteamericana fue en todo momento exquisito, muy cordial y educado. En otra ocasión tuvo la suerte de coincidir con Anna Pavlova, una de las mejores bailarinas de principios del siglo xx. La Pavlova, como la llamaban en los círculos menos instruidos, había nacido en San Petersburgo en 1881 y educada en los preceptos académicos de la danza. Realmente no podemos decir que

Anna Pavlova fuera una bailarina innovadora, es más, su estilo clásico y conservador estaba, por su educación, tan agudizado, que abandonó en 1916 los Ballets Rusos de Diaguilev por su disconformidad con las ideas revolucionarias de esta empresa.

Isadora, la enemiga declarada del ballet, fue a ver bailar *Giselle* a Pavlova y se quedó asombrada de la belleza etérea de algunos pasos que parecían sumergir a la bailarina en una atmósfera de ensueños mientras parecía flotar en el aire. Aplaudió emocionada al mismo tiempo que reafirmaba sus propias ideas: la danza artística, pura, aquella que ella misma había venido a reestablecer se tendría que encontrar en otro sitio. En el ballet había demasiado artificio, todos aquellos pasos en puntas le parecían lo más antinatural del mundo.

Giselle es un famoso ballet en dos actos, coreografiado por Jean Corallo y Jules Perrot con música de Adolphe Adam y libreto de Saint-Georges y Gautier, e inspirado en una leyenda de Heinrich Heine. Su estreno tuvo lugar en la Ópera de París, el 28 de junio de 1841. Este ballet tiene una gran importancia en la Historia de la Danza, puesto que refleja todas las tendencias del siglo XIX. La técnica del ballet había alcanzado tal perfección técnica a finales del siglo XIX, que se situaba en el ámbito del puro virtuosismo, con lo cual y para muchos, se estaba asistiendo a su decadencia. A principios del siglo XX la danza esperaba ideas y artistas nuevos que ya estaban allí, en escena, como Isadora.

En casa de la Pavlova conoció la joven a Diaguilev, con el que discutió apasionadamente sobre el arte de la danza. Sergei Pavlovich Diaguilev, fue el creador de los Ballets Rusos, una compañía que *alteró profundamente la faz y el destino de la danza en Europa Occidental* (*Markessinis*, pg 191) y cuyo estreno se celebró en París en 1909, con la presencia de toda la intelectualidad parisina, entre los que se encontraban, Ravel, Saint-Saëns, Fauré, Lalo, Rodin y la propia Isadora como no podía ser menos.

La presencia de Isadora en San Petersburgo durante el invierno de 1905, fue fundamental para la creación de la empresa de Diaguilev. La joven entabló relaciones con el bailarín Mikhail Fokine (1880-1949), otro de los más excelsos bailarines y coreógrafos de la historia del siglo XX. Pues bien, el joven Fokine, sin duda influido por las ideas de la joven recién llegada a Rusia, organizó el mismo año de 1905 en San Petersburgo, un ballet de tema griego titulado, *Acis y Galatea*, en el que intervino el mismísimo Nijinsky. En esta obra no había ningún paso de ballet, puesto que se pretendía representar los movimientos de la propia naturaleza. Fokine estableció una relación duradera con Diaguilev hacia 1908, fecha en la que alcanzó su cima artística en los Ballets Rusos. En 1919 escribió sus ideales estéticos resumidos en cinco puntos. Es curioso cómo la mayoría de ellos son una transcripción casi literal de los postulados de Isadora:

1.   Deben inventarse nuevas formas de movimiento que correspondan al carácter y sugestión de la música, en lugar de adaptar a ésta combinaciones de pasos académicos.
2.   Los gestos de la danza clásica tienen razón de ser en el ballet moderno cuando lo requiere el estilo. Las posiciones de las manos deben reemplazarse por las del cuerpo en su totalidad. El cuerpo del bailarín debe tener expresividad desde la cabeza hasta los pies y no debe haber en él un solo punto muerto o inexpresivo.
3.   La danza y el gesto carecen de sentido en el ballet si no se ajustan estrictamente a la expresión de la acción dramática.
4.   Los grupos no son sólo ornamentales; el nuevo ballet progresa desde la expresión del rostro hasta la expresión del cuerpo, del cuerpo del bailarín solista al del grupo y de éste a la totalidad de las personas en movimiento en cada escena.
5.   La danza ha de estar en situación de igualdad con los otros factores del ballet, música y decorado; ningún elemento debe imponerse a los otros. Se ha de inventar todo a cada instante, pero las bases de la invención han de ser siempre establecidas por tradición centenaria.

Isadora estaba admirada del carácter férreo y sacrificado de la Pavlova. En una ocasión que se reunieron en su casa, se despidieron a las cinco de la madrugada y a las ocho de la mañana, ya estaba la bailarina rusa levantada practicando sus ejercicios rigurosos y *anti artísticos*. El maestro de la rusa era el famoso Petit Pas, que marcaba el ritmo dando golpes con un bastón en el suelo. Para Isadora, el objetivo de esos ejercicios disciplinarios estaba muy claro: había que convertir el cuerpo bello en algo monstruoso que se asemejase al acero y que fuera además elástico. ¿Por qué tanto sufrimiento en nombre de un falso arte? La bailarina rusa tenía *los rasgos severos de una mártir* (*Mi vida,* pg 188), apuntó una sorprendida Isadora al constatar que la rusa apenas comía en todo el día, dedicada en cuerpo y alma al ensayo constante. ¿Era ese ballet expresión de un arte, de la vida? Más bien parecía una tortura física de la que era muy difícil escapar.

La joven visitó también la Escuela Imperial de Ballets y volvió a asombrarse de la frialdad de los espacios que formaban las aulas, vacías, sin decoración, totalmente impersonales y alejadas de las ideas estéticas que ella quería infundir en su escuela. No comprendía cómo en aquel lugar tan poco bello e inspirado se podía aprender a bailar. Los niños necesitan calor, estímulo, modelos de belleza que puedan captar para aprender lo que supone el arte.

La visita a San Petersburgo llegaba a su fin. Tras una jugosa semana decidió ir a Moscú. La estancia a la capital rusa tampoco se prolongó mucho en esta ocasión, por los compromisos ineludibles que la esperaban en Berlín. Sólo comentó de este viaje relámpago en Moscú, que los estudiantes la presionaron en la calle porque deseaban verla actuar y los precios eran prohibitivos. Antes de partir, firmó un contrato que la obligaría a regresar a Rusia de nuevo, un país en el que dejó una huella importante. Tras Isadora, el ballet siguió siendo la manifestación artística más importante, sobre todo para las clases altas, pero muchos importantes coreógrafos, como el mencionado Fokine, adaptaron elementos e ideas del arte de la joven, como los trajes griegos, la naturalidad de los movimientos, o la música romántica de Chopin y Schumann.

El año de 1905 fue un año importante para Isadora. Llegó a Berlín dispuesta a fundar su escuela. Decididas las Duncan, se lanzaron a buscar una casa en donde hacer posible todos sus sueños. Elisabeth y su madre encontraron una bonita y espaciosa casa en Trauden Trasse, Grünewald. Compraron cuarenta camitas, cortinas azules, esculturas y bajorrelieves clásicos, de Luca della Robia y Donatello. Era necesario despertar el deseo de belleza si se pretendía obtener belleza. La escuela de Isadora estaba planteada como un internado reeducacional. Allí los niños seleccionados, de las familias con menos recursos, realizaban ejercicios diarios que coincidían con sus aspiraciones íntimas. Nada de los ejemplos tortuosos del ballet. Se trataba de formar personas, no bestias. De inculcar un sentido artístico, no imitativo. Cada ejercicio propuesto tenía un fin en sí mismo: el hacer feliz al niño cada día, si no la educación no tenía razón de ser. La gimnasia era importante para moldear el cuerpo del niño, para hacerlo más flexible y ágil, más armonioso, pero después venía la danza. *Cuando el cuerpo está preparado y se puede expresar sentimientos y pensamientos* (*Mi vida*, pg 189). Había primero que crear un cuerpo perfecto, elástico y fuerte. Las primeros ejercicios de danza consistían en el difícil arte de aprender a andar lentamente, después cada vez más rápido, siguiendo un ritmo que se iba complicando. Los niños tenían que disfrutar con cada cosa que realizaban, sentirse satisfechos, encontrar placer con su cuerpo al que dejaban libre con las túnicas ligeras que lo cubrían. Uno de los objetivos era el aprender a observar la calidad peculiar de cada movimiento.

El año 1905 fue también un año significativo porque conoció a uno de los hombres que más marcaron su vida: el escenógrafo norteamericano Gordon Craig.

Isadora relata la noche de su encuentro con Craig como algo casual pero impregnado de una cierta predestinación misteriosa del destino. Estaba bailando una noche en uno de los numerosos teatros de Berlín, cuando se fijó en uno de los espectadores. Normalmente nunca se fijaba en nadie del público, concentrada como estaba con su danza, pero en aquella ocasión sintió una atracción física inusual, la presencia de un hombre que la contemplaba con una fuerza nada corriente. Al terminar la representación, aquel individuo se presentó en su camerino indignado y convertido en un energúmeno. La primera impresión causada en la joven fue muy poderosa, casi magnética. Era aquel hombre, a sus ojos, muy guapo y exaltado. La saludó diciendo que era maravillosa pero que le había robado sus ideas. —¿De dónde ha sacado usted mi escenario?— exclamó. —Pero, ¿de qué está usted hablando? —le contestó Isadora. Estos cortinajes azules son míos. Los inventé cuando tenía cinco años y siempre he bailado con ellos. No —replicó el hombre— Son mis decorados y mis ideas. Pero usted es el ser que yo he imaginado para ellos. Es usted la realización viviente de todos mis sueños. —¿Y quién es usted?— quiso saber la joven. —Yo soy el hijo de Ellen Terry. Ellen Terry, la famosa actriz, el modelo de belleza femenina de Isadora, su admirada artista. Ahora conocía a su hijo. La madre de Isadora, presente en este encuentro, no pudo menos que invitar a aquel fogoso caballero a cenar a su casa. Durante la cena, Gordon no paró de hablar de su obra, de sus ideas reformadoras en el teatro. Nadie más parecía tener posibilidad de decir nada. Craig tenía un carácter fácilmente excitable, que podía pasar de la frialdad al apasionamiento en cuestión de segundos. Repentinamente, fiel a su nervioso temperamento, se levantó de la silla y puso el abrigo a la hipnotizada joven que le escuchaba embelesada. —¿Cómo puede usted vivir aquí, rodeada de esta gente?— preguntó Gordon delante de su madre. Y así, sin más explicaciones, bajaron a la calle, tomaron un taxi y pasaron su primera noche en un hotel de Postdam sin que a nadie le diera tiempo de decir nada.

Para la joven era muy embarazoso presentarse en su casa a la mañana siguiente. Su madre la reprendería, y seguramente, tampoco desearía tener que dar tantas explicaciones. Lo más sencillo por el momento, parecía alojarse en casa de una amiga berlinesa. Eso la daba un cierto margen para pensar alguna estrategia. Con Gordon era imposible planificar nada e Isadora se sentía atraída hacia él como un imán. Los dos se atraían como almas gemelas. Fue conocer a Craig y estallar el amor de la joven, dos años guardado en su corazón. *Al fin he encontrado a mi igual, a mi amor, a mi otro yo: no éramos dos, sino uno, ese único ser maravilloso de que habla Platón en su Fedra, dos mitades y una misma alma (Mi vida, pg 197).*

Isadora no podía más de amor. Se preguntó desde la distancia que le dieron los años, cómo recordarían otras mujeres a sus amantes del pasado. Ella rememoraría siempre aquel primer encuentro con Craig en su estudio, al que describe como bello, exaltado, con su cuerpo blanco *delicado y luminoso*, con sus rasgos femeninos y delicados, pero fuerte y apasionado. Los amantes permanecieron ocultos durante quince días en los que ni siquiera salieron del estudio para comprar comida. Sobrevivieron como pudieron, casi sin comer, sin dinero, durmiendo en el suelo. Nada les importaba sino el estar juntos. Era imposible despegarse. Mientras tanto, la madre de Isadora alarmada, quizás asustada, preguntaba por el paradero de su descarriada hija en todos los puestos policiales y embajadas que iba encontrando en su angustiado peregrinaje. También estaba desesperado su empresario, Alejandro Gross ¿Cómo podía ser tan insensata e irresponsable Isadora? Con todo lo que él había hecho por ella. Ahora, le abandonaba de la manera más vil, sin previo aviso, sabiendo que su público la esperaba indignado con las entradas compradas en la mano, mientras ella vivía despreocupada su amor sin la menor señal de culpabilidad.

Tras quince días de pasión desmesurada, Isadora, quizás cansada de esa situación, por el hambre y las incomodidades sufridas, decidió que ya era hora de salir de su escondite y regresar a la vida real, presentándose en su casa acompañada por Craig que la protegía. El susto para la madre fue descomunal. Era sencillamente inadmisible que aquel individuo entrara en su hogar. Intentó echarle del umbral de su casa, apartarle de su hija a la desesperada mediante insultos y gritos que no causaron ningún efecto, como era de esperar. Su hija estaba locamente enamorada de aquel hombre. Craig era una persona de conversación brillante, de exquisita imaginación, uno de los creadores del teatro moderno. La madre tenía perdida la batalla de antemano. Su hija, una de las abanderadas más notorias y tenaces en la lucha por la independencia de la mujer, que acostumbrada a seguir desde niña su propio criterio, era en este terreno del amor, un ser completamente autónomo y decidido. Ni una madre como la de la joven, pudo bajo presión hacerla cambiar de opinión. Se había enamorado de nuevo, y si no quería perder a su hija, debía aceptar a ese nuevo amante repentino.

Isadora y Gordon comenzaron a vivir juntos prácticamente el mismo día que se conocieron. Pero se hizo evidente enseguida, que a pesar de todas las excelentes cualidades de ambos, la convivencia iba a ser complicada y nada pacífica. Fue el encontronazo de dos personalidades independientes, inteligentes y apasionadas. Craig admiraba a Isadora pero por otra parte mostraba una inclinación nada peculiar en su época; pretendía que su mujer se dedicara exclusivamente a él. Y si algo no podía admitir la joven bajo ninguna circunstancia, era dejar su arte aunque fuera en nombre del sagrado Amor. Craig, como muchos de los grandes creadores, tenía un sentido del humor muy cambiante que oscilaba entre la exaltación y el entusiasmo más contagioso, al humor sombrío y pesimista más triste. Por desgracia para la joven enamorada, con el tiempo, este segundo estado anímico fue el predominante. El choque entre estas dos personalidades tan fuertes se produjo después de las primeras semanas de amor salvaje, cuando Gordon empezó a quejarse lastimosamente ante Isadora de su obra. La joven le contestaba pacientemente, que si bien su obra era muy importante, no debía olvidar que antes de ésta estaba el ser viviente, es decir, su escuela, la encargada de transformar al ser humano en un ideal de belleza idóneo para su teatro. En una palabra, Isadora le dejaba claro que ella estaba con él y con su obra, pero que su arte era la primero. Craig no debía entender todas aquellas contestaciones de una mujer, de su mujer, y salía enfurecido del estudio dando un portazo en señal de protesta. Isadora se sentía culpable del enfado de Gordon. Trataba de calmarle, de consolarle, de cumplir a la perfección con el papel de mujer sumisa y obediente siempre dispuesta a contentar al hombre y no contradecirle en nada. Pero Craig desaparecía a veces incluso por varios días, dejando a la pobre joven desconsolada y sumida en un mar de lágrimas. Estas escenas repetidas, terminaron por minar por completo la convivencia que se volvió insufrible.

Mi destino era inspirar un gran amor a este genio, y ese mismo destino me daba el trabajo de conciliar su amor con la continuación de mi propia carrera. Conciliación imposible (Mi vida, pg 199).

Gordon Craig apreciaba el arte de Isadora como nadie, lo comprendía perfectamente, pero sus celos de artista, su amor propio, le impedían admitir que una mujer pudiera ser una artista verdadera.

El amor volvía a ser imposible si existía su arte. Isadora volcó sus energías en su escuela, convertida en su nueva obsesión. *Si hubiera encontrado a Craig algunos meses antes, no habría podido fundar mi escuela, con Craig encontraba una satisfacción plena. Pero la escuela estaba ya en marcha (Mi vida, pg 200).*

Pese a los desencuentros constantes la joven se quedó embarazada. ¿Qué haremos ahora con el niño? —le preguntó Isadora. Yo no puedo pensar en eso ahora, me debo a mi obra— le contestó Gordon. Isadora necesita salir de Berlín, aclarar sus ideas, descansar, estar sola para renovar sus energías y preparar su próxima maternidad.

VII. LA TRAGEDIA

Las cosas con Gordon no iban bien. Afortunadamente la escuela salía adelante. Raymond proseguía sus obras en Kopanos dejando las cuentas bancarias de Isadora prácticamente exiguas. La escuela necesitaba fondos urgentemente para poder sobrevivir y como la joven estaba tan absorta con su romance, fueron Elisabeth y su madre, que también colaboraba, como no podía ser menos, en la escuela de Isadora, las que se pusieron a pensar de dónde sacar tanto dinero. La escuela de danza ideada era un proyecto muy caro. Pensada para poder albergar como escuela y residencia habitual a cuarenta niños, normalmente de familias pobres, o sin grandes recursos financieros que mitigaran la pesada carga de Isadora. Elisabeth, que parece ser que era mucho más diplomática que su famosa hermana, consiguió fondos monetarios a base de crear un comité de mujeres aristocráticas y eminentes de Berlín, entre las que se encontraba Frau Mendelssohn, la mujer de un famoso banquero alemán. Estas mujeres a modo particular, privado, establecieron una especie de acuerdo verbal decididas a colaborar económicamente en una empresa que consideraban muy positiva y caritativa. Pero estas mismas mujeres al sentirse abochornadas por la historia de amor salvaje protagonizada por la mismísima directora del centro, decidieron escribirle una carta a la joven bailarina reprendiendo severamente su comportamiento. No podían seguir sufragando la escuela si Isadora seguía dando ese ejemplo tan inmoral a la sociedad. La joven no estuvo dispuesta jamás a vivir su sexualidad y sus romances según las normas habitualmente impuestas por la sociedad. La furia de la joven estalló inmediatamente al sentirse insultada, pero comprendió, al observar el com-

117

portamiento seguido en todo este asunto por su hermana Elisabeth, que quizás lo que estas *decentes* señoras de la alta sociedad definían como *moralmente aceptable*, era hacer y no dejar ver, es decir, todo estaba bien si no se desvelaba públicamente nada que pudiera ofender de alguna manera a estas eméritas personas. Isadora indignada, alquiló una sala para poder dar una conferencia acerca de su arte y de cómo éste podía contribuir a liberar a la mujer de su esclavitud.

La actitud de la joven siempre estuvo del lado de las organizaciones feministas que defendían el derecho al voto y la igualdad jurídica con el hombre. Para la joven era inadmisible por ejemplo, que el amor tuviera que limitarse a los estrechos cánones de su época. Era una defensora acérrima del amor libre, ¿Por qué una mujer no podía tener hijos con quien quisiera, cuándo quisiera y cómo quisiera? Para ella, los dos únicos principios básicos del amor, eran la fe mutua y la verdad. El matrimonio, concebido como un contrato legal de total sumisión de la mujer a su marido, le parecía absolutamente abominable. Este contrato nada tenía que ver con el amor puro, de iguales, que tanto anheló durante su vida. La conferencia provocó un escándalo entre los partidarios de la liberalización femenina y los partidarios de dejar las cosas como estaban, que terminaron por abandonar la sala.

Era 1905, un año clave en la vida de la joven. Su madre y su hermana se encontraban con ella en Berlín trabajando en su escuela. Isadora Duncan, madre, estaba ya muy fatigada y cansada de seguir a sus hijos allá adonde fuera necesario. Sus adorados niños ya eran adultos que tomaban desde hacía muchos años decisiones por sí mismos, normalmente sin su consentimiento. La dureza de los muchos años de pobreza, pasando calamidades, frío, fatigas, hambre, angustias, había dejado una huella de melancolía e insatisfacción permanente en ella. Sus hijos ya eran mayores y no la necesitaban. El paso cruel de los años la mostraba en toda su consciente crudeza, que nadie la necesitaba, que había malgastado todos sus años de juventud por sus hijos, que nunca había sido capaz de dedicar un poco de tiempo para ella misma, incapaz de vivir con plena satisfacción su vida. Esto será algo que jamás comprendería su hija Isadora, plenamente consciente de la importancia de aprender a vivir la vida con plenitud procurándose la felicidad en todo lo posible. ¿Por qué vivió su madre con tanto sufrimiento y resignación, en vez de disfrutar más placenteramente de la vida? ¿Por qué jamás trató de reconducir su vida sentimental aferrándose tanto a sus hijos? Tanta resignación y sufrimiento era algo que estaba muy lejos de comprender la joven, testigo diario junto a su hermana, de la transformación del carácter de su madre, que había pasado en unos años, de padecer todo tipo de penalidades en silencio, a quejarse por ejemplo de que los cangrejos que le servían en un restaurante dejaban mucho que desear y minucias de ese tipo. La pobre mujer se quejaba constantemente por todo, estaba irritable la mayor parte del día, anhelaba su tierra, su casa, establecerse y dejar de deambular por todo el mundo. La decisión estaba tomada; lo mejor para todos era dejarla volver a su San Francisco. Tantos años de peregrinación por toda Europa pesaban demasiado, y ¿para qué? Necesita tranquilidad y soledad. La vida se le acababa.

Para la joven sin embargo, una nueva vida se formaba en su interior. Isadora estaba embarazada de su primer hijo cuando firmó un contrato para bailar en Dinamarca, Suecia y algunas ciudades alemanas. Aunque no le apetecía demasiado aceptar tal petición, la realidad de su escuela, que parecía un pozo sin fondo, le obligaron a firmar más giras y representaciones. Su obsesión; crear su propia escuela era lo primero, y sin el dichoso dinero, sus sueños podían desvanecerse. Pero ya comenzaba a presentir lo difícil de tan ambiciosa empresa. Sus sueños de liberar a la mujer a través de una danza reformada, más libre, parecían eso, simples deseos que no llegaría a concretar salvo episódicamente. Las dificultades insalvables que fue encontrando a lo largo de su vida le hicieron caer en la cuenta de la imposibilidad de lograr sus objetivos. Sus desgracias personales la sumirían más tarde, en una profunda soledad de la que sólo se podía salir mediante la propia muerte o la huida constante. Isadora tomará este segundo camino, mucho más duro que el primero.

En Dinamarca visita su capital. De todas las ciudades que ha ido conociendo por la geografía americana y europea, la ciudad de Copenhague la sorprende muy favorablemente. Se sorprende del

119

atuendo que llevan las jóvenes muchachas, vestidas como los hombres, con su gorra y sus pantalones y la alegría en sus rostros. Parecen todas muy felices siendo independientes. ¡Qué lejos parece quedar en estas latitudes el puritanismo conservador que ha vivido en Bayreuth y en otras poblaciones! Aquí se respiraba un aire mucho más libre y avanzado. No fue casualidad que precisamente Dinamarca fuera el primer país que aceptó el derecho de la mujer al voto. También en Estocolmo el público se mostró muy entusiasta y receptivo ante las novedades.

Algo que le llamó mucho la atención fue la gimnasia sueca que conoció durante su estancia en Suecia, y de la que se formó un juicio muy negativo. Este tipo de gimnasia, según la joven, ve en la formación muscular un fin en sí mismo. Para Isadora eso sólo podía ser un primer paso, ya que el cuerpo no sólo es músculo, sino que sobre todo es vida y movimiento. Para ella, la gimnasia sueca adolecía de uno de los más graves principios en el arte, la falta de imaginación. Ni el ballet ni este tipo de educación corporal podían servirle como punto de partida para sus reformas en el mundo de la danza. Tan lejos se encontraban de sus principios básicos que tenían a la Naturaleza como base fundamental de su arte.

Estando en Suecia se acordó del famoso August Strindbergh (1849-1912), un conocido literato sueco educado en la escuela realista e influido por Nietszche. Isadora tenía mucho interés en presentarse ante el autor de esos dramas psicológicos que terminan de un modo violento y que tanto conocía por sus lecturas. Pero el hombre rechazó la invitación alegando que odiaba a los seres humanos. No podía actuar de otra manera alguien que se adentró en los problemas sociales y que sintió la atracción del mundo de los sueños, que experimentó con los postulados simbolistas y cuestionó las verdades religiosas.

De Suecia se encaminó hacia Alemania en un barco en el que cayó enferma. Necesita estar sola, alejarse del bullicio social. Su nuevo estado le hacía reconsiderar todas las verdades que hasta ahora habían permanecido como principios inamovibles. Su madre no acababa de entender a su hija. Fruto de su educación irlandesa, le parecía inconcebible que su pequeña embarazada no tuviera la menor disposición por contraer matrimonio. Aquella actitud rebelde de su hija, es posible que le recordase a aquellas familias de antaño humilladas por el embarazo de sus progéneres fuera del vínculo matrimonial. Por otra parte, Isadora tampoco comprendía a su madre. ¿Cómo ella que había sufrido un decepcionante matrimonio y un traumático divorcio posterior, podía presionarle de aquella manera? Según su parecer, su estado no constituía ninguna humillación. Que callasen de una vez todas las malas lenguas, porque su hijo era fruto del amor. El tema paterno era otra cuestión. Gordon decidió proseguir con su carrera sin hacer aparentemente caso de los problemas del embarazo. Es muy posible que para él, todas estas historias, le parecieran cosas de mujeres. Craig se debía exclusivamente a su trabajo creativo.

Isadora vivió su embarazo con grandes temores y contradicciones. Se sentía sola, deprimida, abatida y eufórica al mismo tiempo. Pero sobre todo, padecía la transformación de su bello cuerpo, como algo monstruoso pero a la vez hermoso. Necesitaba estar junto al mar, encontrar la calma y la serenidad y encontrar de nuevo su verdadero camino. Una nueva vida estaba en camino y necesitaba estar preparada. Antes visitó su escuela berlinesa, de la que se encargaba Elisabeth en sus ausencias. Tras visitar brevemente La Haya, se instaló en una pequeña aldea de Nordwyck, a la orilla del mar del Norte, en donde transcurrió el resto de su embarazo. Todos los meses del verano se los pasó Isadora alojada en la Villa María, una pequeña localidad a tres kilómetros de la población más cercana, Kadwyck. La joven recorría diariamente el trayecto Nordwyck – Kadwyck. Necesitaba hacer ejercicio, relajarse, pensar y dejar su mente vagar mientras contemplaba el mar. Tampoco estaba quieta. Mientras lo dolores y las molestias físicas propias de su estado no se lo impidiesen, la joven decidió seguir trabajando para su escuela, escribiendo nuevos preceptos y ejercicios que quería que formasen parte de un compendio del arte de la danza que estaba elaborando. Necesitaba, casi de forma permanente, explicar cuáles eran los principios y fines principales de su arte y su vida, ¿por soledad?, ¿por incomprensión? ¿por ambición quizás? La soledad a la orilla del mar se palió con la visita de su sobrina Temple que pasó con su tía los meses de verano y las puntuales apariciones de Gordon, que venía y se iba nervioso enseguida.

Pero, ¿dónde estaba su madre? ¿Por qué ahora que tanto la necesita no estaba con ella como tantas otras veces? Su madre —explicó Isadora— *tenía el absurdo prejuicio de que me casara* (*Mi vida*, pg 207). Y ella se oponía al matrimonio con *toda la fuerza inteligente de su ser.* Para las mujeres artistas como ella el vínculo matrimonial era un absurdo que irremediablemente conducía al divorcio. Esa fue su opinión.

Además de su sobrina, una enfermera llamada María Kist, generosa y paciente, y las repentinas apariciones de Gordon, le visitaba asiduamente un joven que llegaba montado en bicicleta, para transmitirla las noticias culturales más recientes. Vino también a estar con ella una amiga de París llena de energía y muy optimista. Isadora se sentía sola sin su madre y su amante, pero estas visitas paliaban la sensación de soledad absoluta.

Isadora necesitaba el recogimiento. Percibía muy agudamente un cierto rechazo de su entorno por estar embarazada de forma indebida, sin estar casada. Estas impresiones la indignaban, las sentía como un absurdo más. Para la joven en esos momentos no podía existir en la vida algo más hermoso y natural como el ser madre, ¿por qué habría que avergonzarse de ello? Su nuevo estado la desconcertaba. Estaba feliz, sentía latir a su hijo en sus entrañas, pero el dolor, la tensión muscular y el miedo a «lo que está por llegar», la desconcentraban, la agitaban, la perturbaban. El mar y las dunas de la playa la relajaban. Los seres que más quería estaban muy lejos y ella se hallaba totalmente absorbida en *la tarea espantosa y monstruosa* que le había caído en suerte.

Entre la esperanza y la desesperanza pasaba los días recordando su infancia y juventud. Sentía a veces la nostalgia de su arte, al que abandonaba de forma transitoria voluntariamente.

El abandono de su arte lo justifica preguntándose que qué es el arte sino un débil reflejo del placer y del milagro de la vida. ¿Dónde quedaba su ambición, su fama, sus proyectos? Se sentía a ratos muy sensible y a veces fracasada (*Mi vida*, pg 208).

Un día llegó el momento esperado del alumbramiento, que vivió con absoluto terror. ¡Y se habla de la Inquisición española! dijo, tratando de describir los sufrimientos inhumanos que había padecido durante todo el proceso —*Ninguna mujer que haya tenido un niño puede temerla* (*Mi vida,* pg 209). Le pareció una barbarie auténtica el que todas las mujeres tuvieran que soportar tanto dolor y sufrimiento, un absurdo imperdonable que la ciencia no hubiera descubierto una forma más placentera de alumbramiento.

Se necesita que las mujeres tengan una paciencia ridícula o que carezcan de inteligencia. El parto de Isadora parece, por sus descripciones, que fue especialmente complicado y difícil. Dos días y medio sufriendo con los dolores de las contracciones para luego tener que recurrir al fórceps y todo sin ningún tipo de anestesia. Ella lo calificó de carnicería. *Si exceptúo quizá a un ser a quien se ate a la vía antes del paso de un tren, creo que nadie ha sufrido lo que yo sufrí* (*Mi vida,* pg 210). *Hasta que el parto se pueda hacer sin dolor* —comenta en sus memorias— *todo el movimiento sufragista habrá sido inútil.* Así de clara y radical.

El bello rostro de su hija menguó las imágenes de dolor y espanto que le vinieron a la cabeza cuando recordó el parto. Un bebé que le impresionó por ser suyo: rubio, con ojos azules. La joven lo amamantó todo el tiempo que pudo. Su bebé bebiendo de sus pechos, le recordaba a sus amantes saboreando su cuerpo. La alegría de esos momentos era tanta, que sentía que el arte, comparado con el milagro de ser madre no importaba nada.

Ella que siempre estaba buscando la respuesta a todo, confirmaba al ser madre, que quizás el amor fuera la respuesta hallada. El amor más puro que existe, es el de una madre hacia sus hijos.

Con su hija entre sus brazos regresó a su escuela de Grünewald con su familia. Craig conoció al bebé, del que siempre se desentenderá y sugirió a la madre llamarle Deirdre, un nombre irlandés que significa «amada de Irlanda».

A través de Frau Mendelssohn, una rica esposa de banquero que financiaba su escuela, conoció a uno de sus ídolos, la reverenciada actriz Eleanora Duse. La Duse, como la llama la joven en sus memorias, propuso al exaltado Craig trabajar en la obra

Rosmersholm, que se estrenaría en Florencia. La proposición fue un éxito y allá marcharon todos: Isadora, que pagaba todos los gastos, su Deirdre, María Kist que hacía las veces de *nurse* y amiga y sus adorados Craig y Eleanora.

En Florencia se instalaron cómodamente. Muy pronto surgieron las inevitables discusiones entre los dos grandes genios del teatro. Gordon no sabía ni una palabra de francés ni de italiano, y Eleanora no comprendía nada de inglés. Además de la incomprensión idiomática, existían otras divergencias mucho más graves, surgidas de sus fuertes personalidades. Isadora hacía de intérprete pero a costa de engañar a ambos para conseguir una convivencia pacífica. Ella sabía que de no ser por sus mentiras piadosas, los excelentes resultados artísticos de la unión entre Eleanora y Gordon, no podrían haber sido posibles. Gordon se volcó de lleno en su trabajo creativo. Vivía literalmente en el teatro, del que no salía ni siquiera para comer. Daba instrucciones a todo el mundo de que no quería ser molestado bajo ningún concepto. Gordon absorto en su trabajo se quejaba continuamente: nada parecía estar a su gusto, ni las pinturas, ni los pintores, ni los obreros. Muchas veces resolvía los conflictos a brochazo limpio sobre las telas que él mismo estaba confeccionando. Mientras tanto Isadora cuidaba a su hija, le llevaba la comida, le procuraba la tranquilidad necesaria para el trabajo, y entretenía gustosamente a Eleanora, que ardía en deseos de contemplar el nuevo escenario de Gordon.

Isadora rememora aquellos felices días paseando junto a su musa. *Nunca olvidaré el espectáculo de Eleanora Duse paseando por aquellos jardines. No se parecía a ninguna mujer del mundo. No amaba como yo a la pobre Humanidad. Tenía a la mayoría de las gentes por canallas (Mi vida, pg 215).* Pero quizás fuese por su particular sensibilidad, como apuntó la joven, o también en el fondo, por su exquisita bondad y generosidad que mostraba pronto, en cuanto rompía la distancia con la gente.

Llegó el gran día. Gordon había dado por concluido su excelente trabajo y esperaba impaciente las críticas de su público más severo. Isadora confiaba pero también se temía lo peor; la Duse podía quedar extasiada con aquella contemplación de un escenario que más se asemejaba a un templo egipcio que a un interior de un hogar burgués, pero también podía quedar totalmente decepcionada. El escenario de Gordon fue un éxito rotundo. Eleanora Duse quedó maravillada del trabajo de Craig y corrió a besarle, a abrazarle sin cesar de agasajarle en su perfecto italiano. *Vi que las lágrimas le corrían por su hermoso rostro (Mi vida,* pg 217). Gordon permaneció en silencio, indicio de una gran emoción. Así terminó el primer encuentro entre Gordon y Eleanora, con grandes expectativas de futuro. La Duse estaba tan entusiasmada, que ante todo el mundo alababa el genio de Gordon, sus renovadas ideas teatrales. Todos se imaginaban ya un futuro lleno de éxitos realizando juntos grandes obras que pasarían a la posteridad. Pero el ser humano es muy frágil y cambiante. Y además, gran parte del triunfo se debía a la paciencia y a las dotes diplomáticas de Isadora. Ahora que la joven se tenía que volver a marchar a Rusia por razones económicas, el desastre se adivinaba. Efectivamente, Isadora no tuvo más remedio que aceptar un contrato que le ofreció un empresario de San Petersburgo y salir enseguida a bailar por distintas ciudades. Necesitaba urgentemente dinero para proseguir su caro modo de vida. Ella pagaba su escuela, mantenía a su bebé, pagaba los viajes de Gordon a Florencia, mantenía a otras personas… y su hermano Raymond que proseguía con su obsesión por construir, al precio que fuera, el templo de Kopanos. Si en otras cosas Isadora había cambiado de vida, el desastre económico, a pesar de la fama conseguida, seguía en su línea habitual de descontrol. Los Duncan siempre vivieron al día, sin pensar en el futuro. Isadora se marchó sola dejando a su hija con su inestimable María Kist. Sin sus traducciones, la unión artística entre Gordon y Eleanora estaba abocada al fracaso.

Era la primera vez que se separaba por un largo tiempo de su hija. Llorando día y noche, triste por la ausencia, por el sufrimiento que padecía cuando por sus senos fluía toda aquella leche desperdiciada. *¡Qué difícil es para una mujer tener una carrera! (Mi vida,* pg 220). La añoranza la decidió a abreviar el viaje. Rusia estaba muy lejos de Italia, pero en Holanda podría seguir trabajando y estar más cerca de los suyos. Los excesos, los viajes, el cansancio y quizás la tristeza le hicieron caer enferma en la cama con fiebre. Se mantenía a base de opio y leche. Gordon viajó para estar a su lado y ocuparse de ella. Pero Eleanora le llamó para comunicarle un nuevo proyecto en común que realizarían en la ciudad francesa de Niza. Craig se marchó decididamente tras pasar cerca de un mes junto a Isadora, que seguía enferma.

Lo que pasó a continuación fue lo más lógico. Gordon se encontró con que su querido escenario estaba partido y recriminó a Eleanora, quien no sabía nada de este asunto. Aquella forma brutal de dirigirse hacia ella le pareció el colmo de la grosería y humillación. ¿Quién se había creído que era ese tal Gordon para hablarle a ella en ese tono? Definitivamente había que llegar a un final. Y fue así como terminaron las maravillosas expectativas futuras entre ambos. Isadora seguía enferma pero ahora en Niza. ¿Pudo viajar a esta ciudad temerosa de lo qué iba a ocurrir? Es posible. Allí la visitaron su madre y su amiga María Kist con su hija. Más recuperada volvió con su *tournée* por Holanda. El dinero era lo más urgente, sin él no podían continuar sus proyectos, pero Gordon la hacía sufrir. Isadora había llegado a *ese estado de frenesí en que no podía vivir con él pero tampoco sin él* (*Mi vida*, pg 225). Vivir con Gordon era renunciar a su arte, a su personalidad, a su vida, a su razón. Vivir sin él era vivir en un estado de continua depresión, torturada por los celos. No podía bailar, ni comer, ni hacer nada. Le amaba locamente, pero este amor profundo le exigía que dejara su arte para centrarse exclusivamente en él, e Isadora sabía que ella no podía realizar semejante sacrificio. ¿Qué hacer? Si no podía renunciar a su arte tenía que renunciar a Gordon, pero las angustias de esta tragedia tampoco le permitían vivir. Necesitaba un remedio que le aliviara de esta pena, y un día lo encontró en un joven muchacho llamado Pim.

Pim era joven, frívolo, rubio, con ojos azules. Un muchacho despreocupado y alegre con el que vivió una aventura que le liberó de sus angustias y con el que viajó de nuevo a Rusia. Con Pim saboreó lo que era tener una relación con un hombre sin complicaciones intelectuales. Su amor era un ejemplo claro de la famosa sentencia de Oscar Wilde: *Más vale el placer que dura un momento que la tristeza que dura toda la vida* (*Mi vida,* pg 226). Hasta ese momento, todas las relaciones sentimentales que había tenido la joven habían acentuado la parte más romántica e idealista, novelesca y apasionada de la relación. Estas relaciones se caracterizan por ser muy cerradas, absolutas y sufridas. Gracias a su aventura con Pim, sació la curiosidad y aprendió las delicias que una relación menos complicada e ideal le podía ofrecer. Pudo entonces liberarse de su reciente neurastenia, sus celos, su depresión y recargar las energías para acometer nuevas empresas. Por primera vez en su vida, parecía una muchacha frívola y sencilla.

Como siempre que terminaba una relación apasionada, Isadora volvía a sus obsesiones artísticas con más fuerza. En esta ocasión se le ocurrió viajar con sus alumnas por todo el mundo, para tratar de conseguir alguna ayuda económica más sustanciosa y estable de algún gobierno europeo. Se había dado cuenta que su escuela era carísima y que si quería acoger a más niñas, necesitaba ayuda económica. Ella sola no podía hacer sus sueños realidad.

Alemania se estaba mostrando como una nación no muy adecuada para su escuela, que estaba ubicada en Berlín. «El regimen prusiano era demasiado conservador y puritano como para entender el alcance de sus ideas». Isadora se sorprendía al comprobar que era imposible que un gobierno como el alemán, en el que su Kaiserina tenía que andar siempre con un emisario delante para ir cubriendo con un pañuelo todas las estatuas que consideraba «indecentes», pudiese ni siquiera entender ni uno sólo de sus principios artísticos. Rusia parecía ser su esperanza. Allí quizás vería por fin sus ansiados anhelos de liberación femenina en conjunción con el arte. Isadora seguía siendo demasiado idealista entonces. Inició así un período de su vida en el que en el transcurso de tres años viajó a Rusia, Inglaterra y Estados Unidos sin conseguir apoyo ninguno por parte de ningún gobierno.

En enero de 1907, otra fecha marcada en el calendario de su vida, emprendieron el viaje a Rusia Isadora, su hermana Elisabeth y sus veinte alumnas. Nuevamente se encontrarían con que el gobierno soviético, ni mucho menos estaba dispuesto a financiar una empresa así. Isadora siempre fue bien recibida como atracción o novedad dentro del mundo del espectáculo y de las artes, pero de allí a ser considerada en serio como una innovadora revolucionaria había un paso. Además, el ballet estaba muy asentado entre el gobierno, que lo apoyaba incondicionalmente.

Isadora no se desanimó y lo volvió a intentar en Inglaterra, país al que llegó en 1908.

El público inglés sólo percibía su escuela como *un divertimento encantado*. Nadie le ofrecía ayuda efectiva (*Mi vida,* pg 229) Con tanto viaje fracasado se le terminaron los pocos fondos monetarios que disponía en el banco. La situación era alarmante. Fue entonces cuando firmó una nueva gira por Norteamérica.

Habían pasado ocho años ya desde su llegada a Europa en un barco que transportaba ganado. En todo este tiempo había conquistado la fama en Europa, creado un arte propio, fundado una escuela y había sido madre. Pero económicamente el desastre era el mismo.

Llegó el verano de 1908 en Nueva York. Echaba mucho de menos a su hermana, a su escuela, a María Kist, quizás también a Gordon, pero sobre todo sentía la ausencia de su hija. ¿Por qué no viajó con ella?, ¿por el cansancio del viaje?

Habían transcurrido ocho años, sí, pero la mentalidad empresarial norteamericana seguía siendo la misma. Ningún empresario parecía comprender el alcance de sus ideas. Siguen presentándola como antaño, como una atracción más de Broadway. El fracaso fue completo.

Si el arte de Isadora era incapaz de llegar a un público más general, sí que alcanzaba a personalidades muy singulares del mundo intelectual y artístico que la admiraban. Dentro de este constreñido círculo de nuevas amistades americanas se encontraba George Grey Barnard y los *Jóvenes revolucionarios* de Greenwich Village. Sobre este escultor, Barnard, Isadora siempre lamentó su virtud rayana en el fanatismo.

Ninguno de mis jóvenes y tiernos encantos conmovieron su fidelidad religiosa (Mi vida, pg 232). Isadora quiso tener algo más que una estupenda amistad con él, que estaba casado, pero explicaba que a ella nunca le gustó representar el papel de Salomé con ningún hombre. Si algún hombre rechazaba sus proposiciones, le decía tranquilamente *adiós y que disfrutes con mi inspiración*, pero nunca les decapitaba, ni tomaba venganza ninguna.

Visto el fracaso, canceló el contrato y decidió alquilar un estudio por seis meses. El tiempo que necesitaba para crear una nueva obra. Afortunadamente las cosas fueron cambiando y conoció a otro empresario con más formación musical que la contrató para bailar en el Metropolitan Opera House. Obtuvo como siempre un éxito rotundo. La Isadora sagaz reflexionaba sobre lo importante que era para un artista el verse apoyado por un empresario de talento: *el arte más refinado se pierde si carece del marco que le es necesario* —dijo (*Mi vida,* pg 237). También conoció a un famoso director de orquesta de la época, Walter Damrosch, con el que desarrolló una amistad duradera basada en la mutua simpatía y en la fuerte química artística. Fue una época feliz que muy pronto se iba a frustrar por un grave accidente. A pesar de la alegría con la que vivía estos encuentros afortunados en su tierra, sentía nostalgia hacia su familia, que había dejado en Europa. Quizás es que es imposible la dicha perfecta, puesto que siempre habrá algo que anhelemos y no podamos tener en ese momento. La felicidad absoluta no puede existir, hay que aprender a conformarse con los breves momentos de felicidad que la vida nos otorga. Bajo la batuta de Walter Damrosch bailó en Washington ante el mismo presidente de los Estados Unidos, Roosevelt, que dictó de su actuación, un merecido juicio en la prensa. Este director era para la joven, un artista verdaderamente excepcional, como muchos otros que había conocido en el pasado. Cuando alguien le sorprendía, era fácil para ella cubrirle de elogios. Conocida es esta faceta generosa de la bailarina. El director trabajaba incansablemente pero sin anular sus momentos de placer hacia la buena mesa. Tocaba el piano durante horas y horas enteras, *siempre genial, alegre, ligero y delicioso* (*Mi vida,* pg 240).

Con las cuentas bancarias nuevamente repletas de dinero, feliz, y en su país, ¿por qué no se quedó a vivir allí? Le faltaba su pequeña Deirdre y su escuela berlinesa. ¿Por qué no se llevó con ella a su bebé, si sabía que tardaría meses en volver a verla? La nostalgia llegó a hacerse tan grande que decidió volver a Europa. El espe-

129

rado encuentro tuvo lugar en París. La fueron a recibir su hermana Elisabeth, a cargo de la escuela en su ausencia, sus alumnas y su pequeña niña. En la capital francesa volvió a llenar los teatros. Pero el público que la aclamaba no era el pueblo como a ella en el fondo le hubiera gustado, sino la intelectualidad francesa y las personalidades más sobresalientes del mundo del arte. Su gran intuición la decía que algo grave iba a ocurrir.

Isadora recordó los avisos previos a la gran tragedia que habría de vivir. Un día, su Deirdre casi muere asfixiada al atragantarse con algún pequeño objeto. La angustia de aquellos momentos le hicieron pensar en el horror que supondría perder a su hija. No podría seguir viviendo si desgraciadamente, algo así le tocase vivir. *¡Cuán egoísta y feroz es el amor de una madre! Sólo son capaces de pensar en sus hijos, cuando hay tantos niños en el mundo. Sería infinitamente más admirable* —pensó Isadora— *poder amar a todos los niños.* Su vocación de madre y profesora le llevó a adoptar a más alumnas. Veinte ya se encontraban en Berlín, y otras tantas empezaron sus enseñanzas en París. A pesar de sus elevados ingresos americanos, estaba claro que ella sola no podría financiar por mucho tiempo todos los gastos que generaban la manutención completa de tanta niña. Necesitaba un millonario, y como todas las cosas que se desean con intensidad, un día se presentó uno en persona.

El millonario era Singer, un hombre apuesto, de cabellos rubios y barba rizada, alto, tímido y con una voz encantadora, que inmediatamente le evocó la figura de Lohengrin de Wagner.

Singer, que debía andar algo enamorado de la joven, se prestó a pagar todos los gastos de su escuela. Era una dicha estar con él, tan encantador y amable. El contacto frecuente con este hombre, fue transformando poco a poco los sentimientos de Isadora hacia él. De una sencilla relación afectuosa, confiada y grata, se fue pasando al amor. Singer, no desaprovechaba ninguna ocasión que se le presentara para invitarla a cenar, o para asistir juntos a alguna fiesta que daba el Casino de Niza, cerca del cual estaban alojados.

Estando en esta localidad del sur de Francia recibió la noticia de que una de sus alumnas estaba gravemente enferma. Fue entonces, con los nervios y la premura de llamar corriendo a un médico, cuando surgió el primer beso entre los dos. Isadora recordaría que fue precisamente su generosidad hacia los niños, su pena verdadera por la salud de esta alumna, lo que le hizo darse cuenta de que había conquistado su corazón.

Cuando se hubo repuesto la niña, partieron todos hacia Italia, sus veinte alumnas, las institutrices y su hija. Se había vuelto a enamorar, pero no era ya ese amor apasionado, casi instantáneo, salvaje y loco que había experimentado en el pasado. Se trataba de un amor más calmado, sereno, reflexivo. Poco a poco empezó a darse cuenta de todas las cosas que les separaban. Singer, acostumbrado a la vida ociosa que procura el dinero, era incapaz de sentir la felicidad. Para Lohengrin, como le llama constantemente en sus memorias, la vida consistía en ganar dinero y disfrutar de las fiestas continuas. Su vida transcurría entre viajes por el mundo, amantes continuas, y fiestas decadentes hasta el amanecer. Para Isadora, la vida era su arte, la transformación del mundo. No podía haber planteamientos vitales tan dispares y sin embargo se amaban sinceramente. Las fiestas, el lujo desmedido, la entrega absoluta al placer, contrastaban con las amargas privaciones de su primera juventud. Con Singer, Isadora tuvo la ocasión de conocer los mejores restaurantes de París, aprender a distinguir las diferentes clases de vinos, e incluso, a prestar un poco más de atención por la moda. Isadora había recibido una educación muy austera. Nunca llevó alhajas, ni se preció de mostrar un buen vestido. Todo lo contrario, su sencillez en el vestir, su naturalidad, su falta de maquillaje, eran sus señas de identidad. Luchaba por la liberación femenina, no debía por tanto, caer en las absurdas modas, ni obsesionarse por ella, como hacían tantas mujeres. Para ella, todos esos ritos eran la consecuencia de la esclavitud de la mujer. Pero con Singer, por primera vez en su vida, se interesó en la moda, y empezó a mostrar su bello cuerpo engalanado con los mejores trajes confeccionados por los más apreciados modistos de París.

Tras una breve estancia en Rusia, París de nuevo y en la costa bretona, pasó una temporada en Venecia junto a su hija y la *nurse* que solía acompañarlas en todos sus desplazamientos. Sabía que está embarazada de nuevo. Necesitaba reflexionar en paz. Lohegrin, a diferencia de Gordon que le dio lo mismo, recibió contentísimo la noticia de su pronta paternidad, mostrándose más tierno, muy cariñoso, lleno de amor. Decidieron celebrar la llegada de su hijo realizando un viaje por América en un trasatlántico muy lujoso. Estaban pletóricos por la buena noticia, y además, el viajar con un millonario simplificaba mucho las cosas. Regresaron a Europa para ver a Deirdre y a las niñas de la escuela. Visitaron también a su hermano Augustin, recién separado de su mujer y a su sobrina. Y otra vez de viaje de placer, en esta ocasión un crucero por el Nilo. Isadora no había tenido tiempo de proseguir con su arte desde su enamoramiento con Singer. Empezaba a sentir nostalgia por su trabajo. En Egipto rememoró todos sus anhelos infantiles. *Creí que todos los ojos y todos los rostros mutilados de la diosa Hator, la Afrodita egipcia, reproducían, se volvían hacia mi niño innato (Mi vida, pg 256)*. Isadora todo lo envolvía de un cierto misticismo, de una cierta magia. Solía hablar del mundo desde un punto de vista fatalista, porque relataba su vida desde la perspectiva que da la madurez. Las terribles experiencias que padeció, le llevaron a formar un criterio pesimista, predestinado de la existencia. Egipto, como le había ocurrido con Grecia, le impresionó. ¿Qué es lo que recordaba de este viaje?

La púrpura de las auroras; la escarlata de las puestas de sol; las arenas doradas del desierto; los templos; los días de sol pasados en el patio de un templo soñando en la vida de los Faraones, soñando en el hijo que iba a venir; las mujeres campesinas que iban a la orilla del Nilo con sus jarros sobre las bellas cabezas; sus cuerpos voluminosos que se balanceaban bajo sus ropajes negros; la esbelta figura de Deirdre bailando en el puente, Deirdre paseando por las antiguas calles de Tebas; la niña mirando a los antiguos dioses mutilados (pg 256).

El viaje resultó maravilloso y muy pacífico, acompañada de Singer y su Deirdre a la que menciona constantemente. Una de las cosas más agradables vividas entonces que después recomendaría a

132

todo el mundo, era el pasear por el Nilo embarcada en una *dahabieh* egipcia.

Otro comentario curioso es el que hizo de los trabajadores egipcios. Para la joven, por lo general, los hombres que se dedicaban al campo, tenían un aspecto demasiado rudo, pero el hombre egipcio le sorprendió por su belleza; delgados, ágiles, morenos, *con un busto de bronce*. Los consideró los únicos hombres bellos que labran la tierra. Isadora constantemente se recreaba con todas las cosas bellas que había a su alrededor, en especial, con los hombres.

Tras este maravilloso crucero se fueron a vivir a París. Lohengrin había comprado una gran villa con vistas al mar. El carácter impulsivo de Singer, quizás acentuado por el nerviosismo del embarazo, le hacían estar todo el día comprando terrenos e ideando un sinfín de proyectos que nunca finalizaba. Isadora se mantenía imparcial, nada le decía de sus fabulosos sueños de construir un castillo, nunca le criticaba, ni emitía opinión ni juicio ninguno. Le esperaba tranquilamente meditando y analizando las cosas sentada junto al mar. Singer parecía estar obsesionado por no parar. Visitaron Avignon y otras poblaciones cercanas.

Como hemos dicho antes, Isadora sentía nostalgia de su arte y meditaba acerca de la compatibilidad entre el arte y el amor. ¿Podía una mujer ser una auténtica artista? El arte necesita de una absoluta dedicación y el amor, en los términos que ella lo concebía, era igualmente absoluto y prioritario. ¿Qué hacer entonces? Esta fue la pregunta sin respuesta de Isadora. O renunciaba a uno o a otro, puesto que dedicarse a los dos era imposible.

En mayo de 1909 nació su segundo hijo, un niño rubio llamado Patrick. El segundo parto nada tuvo que ver con la experiencia tortuosa del primero. El avanzado doctor Bosson, que sería su médico de cabecera por muchos años (hasta el estallido de la Primera Guerra Mundial en 1914), le suministró morfina para aliviar el sufrimiento de los dolores. Deirdre había nacido junto al mar del Norte y Patrick junto al mar Mediterráneo. Siempre la presencia del mar en los momentos más importantes de su vida.

Recuerda con mucha tristeza las primeras palabras que pronunció su Deirdre cuando contempló a su hermanito recién nacido:

¡Oh, que niño tan hermoso, mamá! No te preocupes. Yo lo tendré siempre en mis brazos y lo cuidaré (*Mi vida*, pg 258). Todas las memorias de Isadora, a partir de la narración del nacimiento de sus hijos, están impregnadas de la desesperación sufrida por su tragedia. Isadora recordó más de una vez estas palabras de su hija, cuando la vio muerta estrechando con sus bracitos, blancos y rígidos, a su hermano al que vio nacer. Sus hijos murieron ahogados en el río Sena cuatro años más tarde, el 19 de abril de 1913. ¿Dónde estaba el Dios que tanta gente aclama en sus plegarias?

Mientras ese trágico día iba llegando, Isadora, a petición de Singer, se dedicaba a preparar fiestas, trabajo en el que ponía todo su talento y su sensibilidad artística. Cuenta con todo lujo de detalles todos los pasos que daba para organizarlas, el champagne que se compraba, el caviar que se comía, el té, los pasteles, la orquesta que amenizaba con fragmentos de obras de Wagner, el banquete repleto de exquisitos manjares y un largo etcétera. Invitaban como no podía ser menos, a toda la elite social de París. Singer era capaz de gastarse en una fiesta unos 50.000 francos de entonces (unos 8.333 euros) y decidir no presentarse una hora antes. Isadora se sorprendía y admiraba de tanto capricho rico, que lejos de atraerla, la conducían a valorar mucho más las ideas comunistas. Cuando veía estas cosas pensaba que qué difícil era para un hombre tan rico encontrar la felicidad.

Singer estaba enamorado de Isadora y obsesionado con la idea del matrimonio. Isadora por otra parte, adoraba a Lohengrin, pero sentía verdadera repulsión por el casorio. Singer quería hacerla su mujer y que dejase de trabajar. Tenerla desocupada todo el día y entregada a múltiples fiestas y viajes. Isadora no comprendía este modo de vida. Por una temporada podía estar bien el descanso y disfrutar de todo tipo de lujos, ¿pero así toda la vida? Decidió, no obstante, intentarlo durante tres meses. El fracaso de la relación estaba asegurado.

El primer destino de esta nueva vida de ocio y placer fue un castillo inglés construido según los planos de Versalles. Isadora comentó ese verano criticando con ironía el estilo de vida del inglés acomodado. *El inglés desocupado se pasa todo el día comiendo, con algún que otro paseo entre medias para justificar tanto ban-*

quete. Juega un rato al bridge y conversa después de la cena de cosas insustanciales, eso sí, engalanado con trajes de noche.

Tres años estuvo con Singer disfrutando de una vida de rica. La relación amorosa no pudo continuarse como es obvio; Isadora necesitaba su arte y Singer quería que ella se acoplara a su modo de vida. Reflexionó entonces tras la ruptura, que en esta vida todo es egoísmo y desesperación y que realmente no se podía encontrar ninguna alegría si esta no tenía la expresión de lo universal. Cuando dijo esto ya habían muerto sus dos hijos.

La amarga decepción amorosa le llevó a volcarse en el trabajo *Dedicar la vida al arte, pese a sus duras exigencias, es cien veces más gustoso que dedicarse a los hombres* (*Mi vida,* pg 265). Que lejanos estaban ya los días en los que se mantenía con un vaso de leche y leyendo infatigable la *Crítica de la razón pura* de Kant.

Inició entonces su tercer viaje a América. De nuevo necesita fondos para proseguir con su gran obsesión: su escuela. Volvió a requerir al gobierno de su país un apoyo económico, pero en vano. A Isadora la querían, pero más como una atracción que como una artista revolucionaria. Llenaba los teatros, pero no conseguía que ninguna entidad pública le concediese ni una ayuda para el mantenimiento de su escuela.

De nuevo en América, sin su Lohengrin, necesitó dejarse llevar, sentirse hermosa, adulada, ser amada y abrazada. Ya había conocido distintas clases de amor, y ahora reclamaba su derecho a ser pagana. *Desde que descubrí que el amor puede ser un pasatiempo y una tragedia, me entregué a él con una pagana inocencia* (*Mi vida,* pg 268).

Muchas personas no entendieron la actitud de la joven, la entrega al placer sensual, y la criticaron duramente. Ella se defendía: *dejadme ser pagana. Probablemente no he conseguido otra cosa que ser una puritana del paganismo o una pagana del puritanismo* (*Mi vida,* pg 269). Pese a todo, Isadora siempre defendió a su país. Cuando la acusaban injustamente de querer resurgir las danzas griegas, ella explicaba que la raíz de su arte no procedía de Grecia sino de su tierra.

De regreso a París dejó a su Patrick siendo un bebé en la cuna y ya estaba hecho un mozo. Compró el estudio de Gervex en Nevilly con el firme propósito de no volver a separarse de sus hijos por razones económicas. Trabajaba incansablemente día y noche junto a su amigo el pianista H. Skene. Singer les visitaba frecuentemente y organizaban fiestas de disfraces en el jardín del estudio. A Isadora le gustaba fomentar los encuentros clandestinos entre los amantes. Nada le importaba si estaban casados o no. Era una defensora a ultranza del amor libre. En una de estas fiestas la encontró Singer acostada en un diván junto al escritor Henri Bataille. A pesar de la separación, ambos se seguían queriendo y alimentando ciertas esperanzas de reconciliación. Singer podía ser muy generoso con el dinero porque le sobraba, pero no podía soportar que Isadora mantuviera relaciones casuales con otros hombres, más si encima eran sus propios invitados y los encuentros se producían en una de sus fiestas. Pese a las súplicas de Bataille, que le mandó una carta explicándole lo ocurrido, Singer al verlos juntos, se imaginó lo peor, y despidió a Isadora de malos modos. Ella era inocente. Singer inició al día siguiente un viaje por Egipto e Isadora quedó según sus propias palabras, desesperada. El mundo le parecía de repente un infierno oscuro.

El siguiente viaje organizado fue a Rusia. De nuevo bailó allí Isadora acompañada en esta ocasión por su amigo el pianista Skene. El viaje era largo y la estancia breve, así que dejó a sus dos hijos al cuidado de su hermana Elisabeth. Al regreso se reunirían todos en Berlín para desde allí viajar hasta París. Isadora vivió durante estos meses, los últimos momentos alegres de su vida. Bailar junto a sus hijos era lo más hermoso, la felicidad completa. A Isadora se le hacía cada día más difícil el tener que separarse de sus hijos cada vez que iniciaba un nuevo viaje por razones de trabajo. El viaje a Rusia volvió a ser premonitorio: la contemplación de la nieve, sobre la que su imaginación dibujó dos pequeños ataúdes blancos, la hizo palidecer de angustia. La intuición de la próxima desgracia y el baile de la *Marcha fúnebre* de Chopin, provocaron el llanto de su hija mayor. Muertos sus hijos, Isadora confirmaba que estas visiones rusas fueron *la nota lúgubre al pre-*

ludio de la tragedia que había de poner fin a todas las esperanzas de felicidad de su vida (Mi vida, pg 280).

Un poco antes de viajar a Rusia empezó lo que se empeñó en calificar la joven, como de *siniestro presagio.* En París, la opresión, la angustia, la casi certeza de que algo iba a ocurrir, no la dejaban vivir en paz. Visitó un médico alarmada por lo que ella llamaba *neurastenia.* El médico le dictó un remedio muy sencillo: trabajar menos y descansar lo más posible en el campo. Isadora no se podía permitir dejar de trabajar en la capital. Daba representaciones en el Chatelet y en el Trocadero. Tenía que mantener a todas sus alumnas, institutrices, *nurses,* y el resto del personal que trabajaba diariamente en las dos sucursales abiertas de su escuela, en Berlín y en el propio París. Pero podía ir a trabajar a París todas las noches, y ensayar y vivir en Versalles. París y Versalles se encontraban muy cerca y vivir en el campo era además muy saludable para sus hijos.

Pero como bien descubrió ella, muchas veces por escapar de las desgracias, nos encaminamos directamente hacia ellas. Así ocurrió en su caso. Tres días después murieron sus dos hijos ahogados en el río Sena.

VIII.   LA GUERRA

Isadora recordó obsesivamente estos últimos días de felicidad junto a sus hijos. Sus risas, sus besos y abrazos, el bailar los tres llenos de esperanzas. Singer además, acababa de llegar a París de su viaje por Egipto. Isadora sabía que no había ido solo; no solía hacerlo, pero, ¿todavía le quería y soñaba con volver con él? Pensaba que Singer, al contemplar a su magnífico hijo Patrick, tendría deseos de proponerle de nuevo una vida en común. Hacía meses que no se veían. Isadora estaba contenta de volver a verle. Singer, parecía igualmente feliz de volver junto a Isadora. Concertaron una cita en un hotel situado en los Campos Elíseos. También cenarían con Augustin. Tras tres horas de espera en el hotel llegó la completa decepción: Singer no apareció. Así parecieron desvanecerse aún más las pocas esperanzas de felicidad en aquellos momentos antes de la tragedia.

Dos días antes, Isadora abrió al azar dos páginas de un ejemplar de Barbey D. Aurevilly, en dónde se decía: *Como eras bella y madre de unos dignos de ti, sonreías cuando te hablaban del Olimpo. Para castigarte, las flechas de los dioses alcanzaron las cabezas abnegadas de tus hijos, a quienes no protegía tu seno descubierto.*

¿Eran aquellas palabras un aviso cruel del destino? Isadora pensó que sería horrible y vacía su vida sin sus hijos, porque éstos habían llenado su vida de felicidad, *mil veces más que el amor de un hombre y la dedicación a su arte (Mi vida,* pg 285). En otro párrafo se leía: *Así esperaste toda una vida con una desesperación tranquila y sombríamente contenida. No lanzaste a los pechos*

*humanos gritos familiares. Te hiciste inerte, y se dice que te tro-
caste en roca para expresar la inflexibilidad de tu corazón*

Tras aquella lectura, tuvo la certeza de que algo iba a ocurrir. Después del accidente mortal de sus hijos, rememoró infinitas veces, durante las largas noches de insomnio, estas maldicientes palabras.

Llegó el trágico 19 de abril. Isadora describió detalladamente en sus memorias la secuencia de los hechos acaecidos, que recordará constantemente el resto de su vida.

El día había comenzado con una llamada de Lohengrin, avisándola que quería volver a ver a su hijo Patrick. Isadora recordaba la alegría que este aviso le produjo, pensando en el preámbulo de una pronta reconciliación. También recordó las palabras pronunciadas por el ama: *Señora. Me parece que va a llover. Quizás fuera mejor que los niños se quedaran aquí* (*Mi vida*, pg 286). Después del accidente, estas palabras tomaron otro cruel significado.

Esa mañana fue el último viaje con sus hijos de Versalles a París. Recordó la alegría del trayecto. Habían quedado todos a comer con Lohengrin-Singer, quien les dio la grata noticia de la compra de un terreno en la capital para fundar otra escuela. Todas estas ilusiones y proyectos jamás llegaron a concretarse. Comieron todos muy alegres. Singer estaba muy feliz de estar con su hijo. Después de comer, regresaron a Versalles con el ama. Isadora tenía que quedarse en París a ensayar, pero feliz por el encuentro con Singer se despidió de sus hijos con un beso diciéndoles: *Yo regresaré enseguida* (*Mi vida*, pg 288). Al dejarlos en el coche, mi Deirdre colocó sus labios contra los cristales de la ventanilla. *El frío del cristal me produjo una rara impresión*. Más tarde, tendida en el diván de su estudio antes de comenzar con los ensayos, pensó que la vida le era grata, que era muy feliz y afortunada por tener todo lo que una podía desear en esta vida: arte, triunfo, dinero, amor y sobre todo, dos hermosos hijos que adoraba con locura. Pensando en su suerte escuchó de pronto un grito *extraño y sobrehumano*. Era la voz desencajada de Singer anunciándole la muerte de sus hijos: *Los niños han muerto* —dijo tambaleándose. Isadora fue incapaz de comprender el alcance de su desgracia, de llorar, no podía dar crédito a la tragedia. Sintió una extraña calma. En unos instantes el estudio se llenó de gente apenada que lloraba. Ella no podía desprender ni una sola lágrima, quizás porque no era todavía muy consciente de lo que acababa de ocurrir. Todos trataron de impedirle la visión de sus dos hijos muertos. Una imagen así podía destrozar por completo a una madre. *La desgracia era demasiado grande para las lágrimas* (*Mi vida,* pg 290).

Por lo que se sabe, el accidente en el que perecieron ahogados en el río Sena los dos niños y el ama, se debió a una mala maniobra del chófer, que bajó del coche por una avería sin poner el freno de mano, provocando con su fatal despiste que el coche se precipitara hacia el agua. El chófer parece ser que tardó en reaccionar y pedir auxilio, y cuando quisieron rescatar a las víctimas ya estaban muertas. Encontraron a Deirdre abrazando el pequeño cuerpo de su hermano Patrick.

Sin poder asimilarlo todavía tuvo que decidir la forma del entierro. Isadora era anticlerical a ultranza. No había consentido que bautizaran a sus hijos, y ahora tampoco deseaba que fueran enterrados cristianamente. Las ceremonias cristianas al uso le parecían desagradables, penosas, absurdas y horribles. ¿Por qué tanta insistencia en que tras la muerte de un ser querido había que vestirse de negro?, ¿acaso no era preferible despedir a los dos seres más queridos ofreciéndoles la mejor despedida de esta vida? Deseaba una despedida clásica; con cánticos que liberasen en algo su dolor, flores, ropajes claros y por supuesto, nada de inhumación. Los dos cadáveres serían incinerados. ¿No había sido siempre una defensora acérrima de la cultura griega? Sus hermanos la obedecieron en todo lo que ella dictaba. A una madre destrozada no había que llevarle la contraria, y menos por esos asuntos en los que todos los Duncan estaban más o menos de acuerdo. Nadie vestiría de negro, ni sus hijos descansarían en uno de esos horribles ataúdes bajo tierra, prefería la cremación, como los antiguos griegos. Despedir a los seres queridos como merecían. Tras la cremación se sintió totalmente vacía y abatida. Empezaba a ser consciente de lo que supondría proseguir viviendo sin sus hijos: una tortura. La voluntad de vivir que siempre había sido tan fuerte en ella desapareció completamente. No podía gesticular, ni hablar, ni expresarse de ningún modo. Permanecía inmóvil con el único deseo, aunque vago, de quitarse la vida. ¿Para qué vivir ya?

Sus hermanos la convencieron de que la solución era irse a Corfú, a trabajar en el campo de refugiados con Raymond y su mujer Penélope. Allá se reunieron los cuatro hermanos de nuevo. Había perdido a sus hijos, pero ¡había tantos niños que necesitan su ayuda para sobrevivir! El ayudar a otras personas suele ser una actividad muy eficaz y reconfortante cuando se necesita aliviar una profunda herida. Pero la grieta de Isadora era tan profunda, que ni siquiera el apoyo familiar ni el trabajo duro en Corfú, lograron sanar una pequeña superficie. Necesitaba más que nunca el amor de Singer. ¿Por qué tuvo que ocurrir esta desgracia en la mejor etapa de su vida? Le llamaba telepáticamente de forma obsesiva. Entendía que las cosas que más se desean acaban por ocurrir. Y Singer llegó alarmado por el pésimo estado de salud de Isadora. Incluso llegó a pensar el hombre que la joven había muerto. El inmenso dolor era tan enorme, que incluso el bondadoso Singer fue incapaz de soportarlo, volviéndose a alejar de nuevo de ella. El trabajo en Corfú proseguía, aliviándola un poco aparentemente, por lo menos apaciguaba las primeras ansiedades por la pérdida, pero era igualmente desolador trabajar todos los días entre tanta pobreza y miseria. Tanta tristeza era difícil de asimilar y vino un día que no pudo soportarlo más. Se le llenaban los ojos de lágrimas cada vez que veía a un niño desnutrido o moribundo abandonado por la guerra y el hambre. A pesar de tanta desdicha junta, la estancia en Corfú junto con sus hermanos la llenaron de energía de nuevo, por lo menos para seguir viviendo más mal que bien. Junto con Penélope proyectaron un viaje a Constantinopla para escapar del ambiente depresivo que se respiraba diariamente en Corfú. En esta nueva ciudad conocieron a otro desgraciado a punto de suicidarse, un tal Raúl, un hombre deprimido por el suicidio de sus dos únicos hermanos y por la ruptura amorosa con un bello muchacho italiano. A petición de la desesperada madre de Raúl, Isadora tuvo que interceder para tratar de salvar la vida del joven. Y lo consiguió. Isadora ya había trabado amistad con otros homosexuales a lo largo de su vida. Para ella, el amor puro no tenía por qué tener sexo, aunque siempre se mostraba en estos casos algo atónita.

Isadora era una mujer que curiosamente creía firmemente en todas las artes astrológicas y ciencias ocultas. Con Penélope, que sabía armenio y griego, visitaron un día a una vidente, una mujer vieja *que despedía extraños olores* (*Mi vida,* pg 301) y que había presenciado desde aquella habitación, la espantosa muerte por estrangulación, de todos sus hijos, hijas y nietos. Esta vidente auguró un pronto futuro bastante sombrío a Penélope. Y según las crónicas de Isadora la vidente acertó plenamente. La hija que esperaba la mujer de su hermano Raymond no llegó a nacer, y su hijo, Menalkas y Raymond, el padre, enfermaron de gravedad. Más tarde, la propia Penélope, que no quiso abandonar al enfermo Raymond en Corfú, moriría.

Después de todas estas duras experiencias, Isadora inició un largo periplo de viajes junto a Raúl y en solitario, tratando de ahuyentar su pena. Suiza, París (en donde al ver todas las ropas de sus hijos esparcidas por el estudio sintió una pena tan grande que decidió no volver más), los Alpes, Venecia, Rímini, Florencia (en donde se había establecido un felizmente casado Gordon, pero a quien no visitó para no causarle problemas con su esposa) y Viareggio. Isadora descubrió que solamente el conducir a gran velocidad con su coche, le producía un sensación liberalizadora. Llegó a Viareggio tras recibir un telegrama providencial de su amiga la Duse, que vivía en dicha localidad. El telegrama la alegró profundamente haciéndola concebir nuevas esperanzas: *Isadora, sé que está usted por Italia. Le ruego que venga a verme. Haré todo lo posible para consolarla* (*Mi vida,* pg 305).

Con Eleanora Duse, Isadora por fin encontró un brazo amigo con el que poder llorar amargamente por la muerte de sus hijos. En vez de obligarla a ser fuerte, o a dedicarse a otros, Eleanora trataba de que su amiga abriera su corazón. Isadora pudo recordar como eran sus hijos con lágrimas en sus ojos. Así pasó el duelo necesario para la cura.

Entonces me di cuenta, de que si no podía soportar la sociedad del mundo, era porque el mundo representaba la comedia de

143

divertirse para que olvidara (*Mi vida,* pg 306). Hasta el encuentro amistoso con la Duse, no había tenido la fuerza suficiente para enfrentarse a lo sucedido; todo lo que había hecho hasta entonces era olvidar, tratar de huir, escapar. Ahora tenía que recordar a esos seres que había perdido para siempre, aunque el recuerdo fuera tan doloroso. Gracias a esta fiel amiga, a la que Isadora describe como un ser superior por la grandeza de su corazón, pudo liberar parte de su tristeza enterrada. Muy bien sabía su amiga Eleonora que nunca más debería buscar de nuevo la dicha. Lo que le había ocurrido no sería más que un cruel prólogo de lo que iba a ser su trágico destino.

Instalada junto a su amiga, en una villa cercana a un bosque de pinos, restablecida un poco de su depresión crónica, tuvo fuerzas para llamar de nuevo a su amigo el pianista Skene, con quien empezó a ensayar acompañada por la música de Chopin, Beethoven, Schuman y Schubert.

Eleanora la había convencido de que en la vida había que tratar de alejar a la tristeza y huir de la monotonía. Era tan breve la vida. Gracias al apoyo de esta amiga, aceptó un contrato para bailar en America del Sur. Isadora aceptó, es cierto, pero su corazón se resistía a ofrecer su arte al público; sentía que cada latido de su corazón lloraba por sus hijos. A veces, soñaba con ahogarse en el mar y terminar de una vez con su sufrimiento. Otras, imaginaba que veía a sus hijos y los llamaba desesperadamente. ¿Estaba entrando en un estado de locura? Una noche de desesperación, pidió a un joven italiano que acababa de conocer que la dejase embarazada. Y embarazada comenzó un período de intenso misticismo en el que creyó que este nuevo ser engendrado, sería la reencarnación de alguno de sus hijos. Con Eleanora pasó el otoño en Florencia. Ella sola junto a su querido Skene, el invierno en Roma. Skene era un amigo excepcional. Siempre estaba allí sin preguntarle nada, dándole lo mejor de su amistad y su música. Paseando en Roma se paraban en todas las fuentes para sentarse y llorar desconsoladamente. El contacto con el agua que antes la revitalizaba, ahora la entristecía sin remedio.

Singer la telegrafió para que regresase lo antes posible a París. Había comprado un gran hotel, el Bellevue, con habitaciones para unos mil niños. Deseaba volver a ver de nuevo contenta a su Isadora, soñaba con consolarla de tan terrible pérdida, hacer algo bonito para que olvidase su tristeza. ¿Qué podía hacer Isadora sino aceptar? El trabajar reformando este recién adquirido hotel en escuela la ayudó a sobrevivir. La vida agitada que suponía el estar pensando todo el día en la decoración, en la estructura de las habitaciones, que deseaba tuvieran distintas alturas para romper la monotonía de las aulas convencionales, la compra de nuevos muebles y utensilios para su escuela, la devolvieron una parte de las fuerzas que necesitaba para dedicarse de nuevo a la enseñanza. Aunque ya nunca sería lo mismo. Montada la escuela y con sus alumnas trabajando, Isadora parecía de nuevo feliz. Transcurrieron tres meses y sus alumnas progresaban asombrosamente. Todos los sábados la escuela se abría al público en general. Singer, el generoso millonario, pagaba un almuerzo para todo el mundo presente. Rodin, el escultor, la visitaba asiduamente buscando nuevos modelos. Muchos artistas venían también a dibujar a sus alumnas, buscando la inspiración, la belleza de los movimientos, la armonía de los cuerpos femeninos. La visitó también el poeta D´Annunzio. Isadora parecía encontrase más calmada, y desde luego, que no pensaba en mudarse a otro lugar. Deseaba establecerse definitivamente allí, en ese lugar tranquilo en el que podía desarrollar un trabajo útil: seguir hasta su muerte trabajando en esa escuela. No podía ni siquiera imaginar la próxima tragedia que va a presenciar: la Primera Guerra Mundial acechaba. Mientras la tensión en Europa aumentaba, el contacto diario con sus alumnas alegraba su corazón, aunque buscaba inconscientemente a sus hijos entre la escuela, y al no encontrarlos, lloraba. El lejano proyecto de construir un gran templo o teatro dedicado al noble arte de la danza se volvió a retomar. La ilusión reaparecía. Se buscó el terreno, se llamó a los arquitectos e incluso se empezaron a poner los cimientos. Isadora soñaba con poder representar en este templo las obras de *Edipo*, *Antígona* y *Electra*, representados por supuesto por la Duse, Mounet-Sully y Suzanne Deprés. Allí bailaría un coro de bailarinas la *Novena Sinfonía* de Beethoven. Así se cumplirían todos sus sueños artísticos. En julio de 1914 se volvieron a truncar de nuevo todos sus sueños. Había estallado la Primera Guerra Mundial. Las alumnas se refugiaron en Inglaterra. La visión de la escuela vacía la consumía llevándola de nuevo a la depresión.

¡Qué cierto era aquello de que los acontecimientos venideros proyectan su sombra ante nosotros con anticipación a su realidad¡ (*Mi vida,* pg 319). Mientras ella preparaba inocente el renacimiento de la danza, se barruntaba la guerra. ¿Cómo luchar contra el destino? En agosto nació su tercer hijo, el niño de aquel muchacho italiano del que no sabía nada. Con las movilizaciones en Francia, su buen doctor Bosson tuvo que marchar hacia el frente. La alegría era infinita. ¿Qué le importaba a ella ahora la guerra? ¿No iba a ver de nuevo a sus hijos? ¿Quién de sus hijos había vuelto a la vida? —se preguntaba —¿Deirdre o Patrick? El niño nació sano y fuerte, pero al cabo de unas horas murió. Isadora volvió así a repetir de nuevo la misma agonía sufrida pero más dura.

Enterrado su tercer hijo no tuvo más remedio, por su debilidad, que ceder su apreciada escuela de Bellevue para que fuera convertida en un hospital. La guerra comenzaba a dar sus miles de muertos y heridos. Todo el mundo estaba enaltecido, convertidos en fuego a causa de la guerra. ¿Cómo podía preguntar alguien en este contexto sobre el arte? Isadora lo hizo. *¿Qué es el arte entonces?* —se preguntó muchas veces— *el arte es más grande que la vida*, pero entonces ella, abatida, no pudo conservar su inteligencia y proseguir con su arte, sino que se entregó a la vida y cedió sus camas para cuidar a los heridos. ¿Cuántas veces en las memorias de Isadora no aparece esta dicotomía entre el arte y la vida?

Un día, los camilleros le enseñaron cómo había quedado su escuela y quedó estupefacta. Toda la decoración de ninfas, sátiros y faunos que adornaba alegremente las habitaciones de Bellevue, habían sido arrancadas y en su lugar se habían colocado tétricos Cristos y crucifijos negros y dorados. ¿Es que acaso no hubiera sido mejor para los enfermos el contemplar algo más alegre y bonito? ¿Por qué esa estúpida decoración, tan melancólica y depresiva?, ¿cuándo la inteligencia guiará todos nuestros actos en el amor y en la muerte? Su estado era cada vez más débil. Encima, todos estos cambios le afectaron muy profundamente. Su templo, su escuela, su *acrópolis del arte,* quedó convertida sin remedio, en un lugar consagrado al dolor.

Isadora era vegetariana. Pensaba lo mismo que la recordada actriz Bernard Shaw, que mientras hubiera personas que matasen animales para comer, habría consecuentemente guerra en el mundo. Sus hijos, sus hermanos, sus alumnas, todos eran vegetarianos y crecían fuertes y hermosos. ¿Por qué era entonces tan descabellado pensar, que de la estrangulación de un cordero, por poner un ejemplo, al asesinato de una persona no hay más que un pequeño paso?

La guerra, la muerte de su tercer hijo, la desaparición de su escuela, la llevaron a abandonar todas sus esperanzas e ilusiones. Estaba enferma y muy cansada. ¿Qué podía esperar ahora?, ¿Qué ilusión tenía para seguir viviendo? Llegó a Normandía y allí alquiló una villa llamada Negro y Blanco junto a la orilla del mar. Buscando un médico que la consolase encontró a Andrés, con el que inició una relación apasionada, obsesiva y desesperada. En tiempos de guerra todo el mundo se aferraba al amor (lo único que podía salvar a Isadora). Pero Andrés ocultaba un misterio terrible. Él había sido el médico que atendió a sus hijos en el lecho de muerte. Al escuchar la verdad, Isadora se derrumbó de nuevo. Llorando sin cesar, recordando a sus hijos y el espantoso día de su muerte, *comprendió que, si querían escapar de la locura, era necesaria la separación, pues su amor, con toda su terrible obsesión, no podía sino conducirles a la muerte o al manicomio (Mi vida,* pg 329).

La guerra llegó a Inglaterra. Singer, el impulsivo millonario siempre pendiente de Isadora, trasladó a sus alumnas a Nueva York. Todavía existía una oportunidad de volver a reunir a su escuela, de continuar con su arte y su Singer estaba dispuesto ayudarla con lo que hiciera falta. El dinero para él no era ningún problema. Allí se fueron todos, las alumnas, la propia Isadora y sus hermanos Augustin y Elisabeth.

En Nueva York permaneció poco tiempo. No comprendía la indiferencia de América hacia el drama que vivía Europa. Alarmada ante tanta frivolidad, se envolvía con su chal rojo revolucionario tras cada representación y bailaba La Marsellesa en homenaje a la cultura francesa y los aliados. La consecuencia inmediata fue la prohibición de la representación de La Marsellesa en Nueva York. Isadora había alquilado varios estudios con la intención de preparar nuevos bailes, había alquilado el Century Theatre incluso, para representar allí una nueva obra, *Dionisyon*, de inspiración griega. Antes tuvo que transformar los insulsos palcos y arrancar las butacas de los músicos para convertir aquel espacio burgués y sin interés artístico en un espacio a lo griego. Contrató a treinta y cinco actores, ochenta músicos y a unos cien cantantes. Tal despliegue de medios terminaron con sus exiguos fondos monetarios. Como siempre en su vida, lo más urgente era conseguir de nuevo el dinero necesario para proseguir con sus proyectos.

Quería salir de América, sus emociones trágicas no casaban nada bien con el espíritu frívolo y alegre del ciudadano medio americano. El *jazz* estaba de moda. Jamás comprendió esta música que calificaba de «barbarie negra», y que situaba en las antípodas de su renacimiento artístico.

En 1915 partió de nuevo hacia Europa sintiendo cada vez más añoranza por Grecia. Necesitaba volver a contemplar la Acrópolis ateniense y recordar los paisajes de Kopanos. Decidió parar primero en Nápoles. Italia también estaba sumida en la guerra. Pensó ir entonces a Grecia, pero era peligroso para sus alumnas que tenían pasaporte alemán. Lo mejor era alojarse en Suiza, un país neutral que las acogería sin problemas de ningún tipo. En Zúrich se volvieron a reunir todos. Rodeados de aristócratas y artistas refugiados, vivieron un período de cierta alegría, bebiendo champán, recitando poesías, paseando en barca por el lago Lemán. Lo que no comprendía Isadora, era por qué todos esos bellos hombres no habían tratado de seducirla. Orgullosa todavía de sus encantos femeninos, no paró hasta conseguir fugarse con uno de ellos en su coche. Ella y su nueva conquista pernoctaron en Nápoles, Roma y

Atenas. Por fin había regresado a su querida Grecia. Pero cómo se notaba el paso del tiempo y qué lejos quedaba ya sus ansias de sabiduría y armonía. Su vida se había encaminado por la tragedia sufrida, hacia otros derroteros más frívolos y huidizos.

Lo más importante ahora para ella era su escuela. Su única esperanza de salvación. Necesitaba que sus alumnas permanecieran con ella pese a la guerra. El mantenimiento de tantas niñas era muy caro y volvía a carecer de fondos. A pesar de los préstamos salvajes al cincuenta por ciento que solicitó a distintos usureros que conocía, necesitaba trabajar con urgencia y con ese fin exclusivo, firmó un contrato para América del Sur.

Era la primera vez que viajaba por los países de América del Sur, a pesar de ser ella misma americana. El primer destino fue Buenos Aires, capital de Argentina. Era el año 1916, ya han pasado tres dolorosos años desde la muerte de sus pequeños Patrick y Deirdre.

En Buenos Aires bailó el himno argentino y La Marsellesa con los estudiantes que la reconocían y la admiraban. Estos bailes fueron la causa de la anulación de su contrato en Argentina y del enfado de su empresario. Realmente Isadora hacía lo que quería. Antes de su partida de Argentina, aprendió a bailar el tango, un baile que la llenó de gozo y de sensualidad. Le gustó mucho el público de Bahía, en Brasil. Fue en esta población en donde vió asombrada a negros y blancos mezclados y a niños mulatos completamente desnudos.

Fue también a Montevideo, en donde fue recibida por un público frenético y a Río de Janeiro, en donde se quedó su pianista. Desanimada porque el dinero que había mandado a Suiza no había llegado por las restricciones de la guerra, regresó a Nueva York.

Llegó a esta ciudad sola y sin ser recibida por nadie. Había sido imposible cualquier clase de aviso, pero tenía muchos amigos y gente conocida a la que recurrir. Por azar telefoneó a un amigo y, casualidad del destino, fue el mismísimo Singer quien le contestó al otro lado del hilo telefónico. Su impetuoso Singer le volvió a sacar de los apuros económicos, enviando dinero urgentemente a

Suiza. Isadora temía que la falta de dinero en Zurich provocase una huida de sus alumnas. Singer trató desesperadamente sin éxito de reunir a las niñas, pero éstas ya habían escapado con sus respectivas familias de origen. De nuevo el dolor por la decepción de ver tantas horas de trabajo y esfuerzo perdidos. La llegada a Nueva York de su hermano Augustín y seis de sus alumnas más antiguas, consiguió aliviar su sufrimiento un poco. Además tenía todavía al bueno de Singer, que estaba pletórico de alegría y más generoso que de costumbre haciendo regalos a todo el mundo.

Llegó el frío invierno a Nueva York. La salud de Isadora era muy precaria. Singer, siempre pendiente de ella, organizó un viaje a la cálida Cuba en compañía de su secretario, un joven poeta escocés que sorprendió gratamente a la joven. En Cuba estuvieron tres estupendas semanas, disfrutando del sol y de los largos paseos por la costa. Después se encaminaron hacia Florida, alojándose en Palm Beach. Singer anunció inesperadamente, para dar una sorpresa a Isadora, que había comprado Madison Square Garden para que ella pudiera montar otra escuela. Isadora agradecida y contenta por ese gesto generoso de su amigo, no pudo aceptar: le parecía inmoral disfrutar de una escuela en América mientras Europa vivía una tragedia con la guerra. ¿No parecía esta respuesta sino una forma de justificar que estaba harta de América, que no podía olvidar su querida Europa? ¿Por qué castigar de esa forma a Singer? El hombre irritado canceló inmediatamente la compra. Realmente era difícil entender a Isadora. No se parecía a ninguna de las mujeres que él había conocido. Ella era muy difícil de contentar y al mismo tiempo muy generosa y complaciente.

Era el año de 1917, el año de la Revolución Rusa. Isadora bailaba en el Metropolitan Opera House de Nueva York, apoyando con su arte diariamente, a las tropas aliadas.

Muchos como ella pensaban que una victoria de este ejército supondría una nueva esperanza de libertad en el mundo y en la civilización (Mi vida, pg 347). Todas sus representaciones terminaban con la danza de La Marsellesa, combinada con la música del malogrado Richard Wagner. Le parecía absurdo el que alguien despreciase a este compositor simplemente por ser de nacionalidad alemana, por eso le empezó a incluir en sus representaciones. Tenía que dejar bien claro cuales eran sus principios.

Isadora siempre estuvo atraída por todos los movimientos sociales y políticos marginales, por todos los que luchaban por la libertad, igualdad y por la rebeldía. A lo largo de su vida, embelesada por todos los movimientos revolucionarios, participó en todos cuantos pudo, a través de sus conferencias y por medio de su arte, que era el más expresivo. A su adorado Singer sin embargo, todas estas manifestaciones revolucionarias de su querida Isadora, le inquietaban bastante, temiendo quizás, ser *dueño de una cosa peligrosa que diera al traste con sus millones (Mi vida,* pg 348).

Este mismo año de 1917, un año de grandes esperanzas revolucionarias, fue el año de la ruptura entre Isadora y Singer por un incidente absurdo. Lohengrin-Singer le regaló un hermoso collar de diamantes, e Isadora, a la que nunca le gustaron las joyas, se lo colocó en su cuello por agradecimiento y porque le pareció según sus propias palabras —*un gesto delicioso.* Pero tuvo la ocurrencia esa misma noche, tras un banquete en el que se bebió más champán del aconsejado, de enseñar a bailar el tango que había aprendido en Buenos Aires, a un mozo de muy buen ver. Singer, que había preparado esa fiesta precisamente en honor de Isadora, no lo pudo soportar, y lleno de rabia y coraje se marchó encolerizado. Le volvió a ver después de diez años de penalidades en Niza, precisamente un día antes de su muerte en 1927. La joven se quedó así sola, llena de deudas y sin un duro para su escuela. Tuvo que vender las pocas pertenencias que todavía le quedaban, casi todas ellas regalos del desaparecido Singer: una capa de armiño y una esmeralda. Con dinero de nuevo, alquiló una villa en Long Beach para ella y sus alumnas. Compró un nuevo coche, y volvió a repetir el mismo esquema de vida de siempre: fiestas continuas, invitaciones, encuentros con diversos artistas. Parecía que el dinero no tenía fin. Jamás preveía para el futuro. Y ese invierno en Nueva York se volvió a encontrar sin nada de dinero para sufragar su escuela. Un contrato para trabajar en California le salvó por el momento. Realmente toda su vida fue un ir y venir por todo el mundo a salto de mata por una patológica incapacidad de previsión y ahorro. Lo único que contaba para ella era el momento presente, nunca se sabía lo que nos deparaba el destino.

Regresó a San Francisco tras veintidos años danzando por el mundo. El terremoto sufrido en la ciudad en 1906 la había dejado irreconocible. Su madre vivía en esa ciudad. Hacía años que no se veían. Su pobre madre, la que tantos sacrificios había hecho por sus hijos, parecía mucho más vieja y desgastada. Isadora no comprendía por qué su madre se había cerrado a la vida tan pronto. ¿Dónde estaban ahora aquellos dos espíritus aventureros en busca de la fama y la fortuna? Mirándose en un espejo, Isadora fue más consciente del paso del paso del tiempo y de su tristeza. Su cuerpo también había cambiado mucho, los abusos del alcohol (aunque era muy fuerte y lo aguantaba bastante bien), su depresión, su incipiente gordura. Parecía que aquella muchacha intrépida había desaparecido por completo. Es cierto que había conseguido la fama y la fortuna en variadas ocasiones, pero el precio había sido muy alto. Nunca había conocido a nadie completamente feliz. A lo largo de su vida había trabado relación con los más grandes artistas y con la gente más culta y triunfadora, pero ninguno parecía sentir la dicha completa. Había personas que simulaban su alegría, pero bajo esa máscara falsa se ocultaba la decepción por la vida. La felicidad no existía, esa era su conclusión. Lo único que podemos aspirar es a gozar de breves momentos de felicidad. El resto es una mezcla de hastío y dolor.

Fue en San Francisco en donde conoció al pianista Harold Bauer, un músico distinto a todos los demás, porque sus conocimientos abarcaban desde una fina *apreciación de todas las artes, hasta un amplio bagaje intelectual de la poesía y de las más profundas filosofías* (*Mi vida,* pg 351). Recuerda que la tarde que dio un concierto junto a este ser excepcional en el Columbia Theatre de San Francisco, fue uno de las más felices de su carrera. La compenetración entre los dos era total. Juntos se inspiraron las más originales interpretaciones, ideando proyectos artísticos de tanta calidad, que de haber podido seguir trabajando juntos, no dudaba

Isadora de que hubieran cambiado el panorama artístico internacional.

A pesar del caluroso aplauso del público de San Francisco, Isadora no pudo lograr ningún tipo de apoyo para crear allí su escuela. Y eso que en esta ciudad había muchas imitadoras que copiaban sus cortinas azules, su túnica y sus sandalias, pero que desconocían por completo los ideales que sustentaban su arte.

Fuera a donde fuera, Isadora levantaba polémicas. En América hubo un sector que criticaba ásperamente, sus incrédulas pretensiones de renacer el arte griego clásico. Se defendía alegando que lo que ella pretendía no era volver a las danzas griegas, ¿para qué si nuestro mundo es distinto?, ni tampoco regresar a las danzas tradicionales como la mazurka o el minuet, porque eran la expresión de *un sentimiento malsano y novelero, que nuestra juventud ha vencido, y en cuanto al minué, es la expresión de la suntuosa servidumbre de los cortesanos del tiempo de Luis XIV y de los miriñaques* (*Mi vida,* pg 356). No, lo que ella pretendía era crear una ¡danza para América!, una danza limpia, clara, libre, nada de ballet que es para mujeres menudas. Las mujeres americanas son grandes, altas. ¿Por qué empeñarse en imponer una danza como el ballet que va en contra de la naturaleza física del americano medio? Odiaba el *jazz.* Toda la música y bailes de origen afroamericano le producían una repulsión visceral. Le parecían sucias, salvajes, bárbaras. *Su danza no tendría ni la coquetería del ballet ni la convulsión sensual que tanto le desagradaba del negro* (*Mi vida,* pg 356).

Isadora parecía encontrarse mejor de su depresión. Había sobrevivido aparentemente a la muerte de sus hijos, pero era en apariencia. Se desgarraba de dolor cada vez que veía un niño cualquiera, sintiendo una angustia tremenda que le paraba el corazón. Ya sabía ella muy bien que el dolor más fuerte viene con el tiempo. Tras el accidente de sus hijos, el dolor fue inmenso, pero permaneció más o menos inconsciente, como anestesiado. Pasados los años, el dolor podía parecer mitigado, pero la consciencia y el paso del tiempo, lejos de aminorar la angustia la acrecentaban. Leyendo sus memorias descubrimos que había días en los que se encontraba llena de júbilo, con la energía suficiente para luchar por su escuela, y otros en los que pensaba, que su pasado había sido un cúmulo de catástrofes fruto de una mente lunática como la suya. ¿Cuál era la verdad? ¿Alguien podía encontrarla?

Después de intentar asentar una escuela en América, se volvió a París. Estaba ya muy claro que en su país tal propósito era un imposible. En el viaje de regreso a Europa volvió a reencontrarse con un antiguo conocido, Gordon Selfridge, un empresario al que siendo muy joven, le pidió dinero prestado para comprar una túnica. A través de este encuentro y comparando todas sus experiencias del pasado, descubrió que casi todos los hombres con los que se había relacionado, o bien, tenían algo de afeminados, o eran neurasténicos, pasando del júbilo a la depresión sin solución de continuidad por culpa del alcohol. Gordon Selfridge era de las pocas personas que había conocido felices de vivir sin más complicaciones. Un hombre alegre, fuerte, vital. ¿Por qué descubría a esta clase de hombres ahora? —se lamentaba.

El panorama vital no era muy bueno: sin dinero, con la escuela destruida, era muy tentador el suicidio. *Si vendieses pastillas para el suicidio* —pensaba Isadora— *todas las personas inteligentes terminarían con su vida con rapidez.* El pesimismo la invadía completamente de nuevo.

Acostumbrada desde 1908 a recurrir a su buen Singer, le envió un telegrama desesperado, pero él no la contestó. Singer parecía haber desaparecido de su vida para siempre. Sabía que sus alumnas andaban bailando por América, pero ninguna parecía acordarse de su maestra y enviarle un poco de dinero. No lo quedó más remedio que volver a los usureros, a los prestamistas. El dolor, la falta de esperanzas, le hicieron concebir la idea de hacerse enfermera, pero las largas colas para conseguir este trabajo la llevan a desistir enseguida.

Y cuando menos se lo esperaba apareció de nuevo el amor en su vida. Su Arcángel, como le apodaba, era un pianista que le acercó a la música de Liszt, Walter Rummel, y con quien vivió una nueva historia de amor apasionado que la llevó al borde de la locura por sus celos desmedidos pero justificados.

154

Como con cada historia de amor que comenzaba, pensaba que era su hombre definitivo.

Era incapaz de andarse con medias tintas. El amor, el arte, su propia vida, se movía entre unos parámetros desmesurados, todo era pasión, energía. No podía poner límite a nada.

Con sus alumnas reunidas en París, tras sus viajes por América, faltaba cumplir el nuevo sueño de Isadora: regresar a Grecia. Era el año 1920, tiene cuarenta y cinco años. La vuelta a la Acrópolis le hacía concebir nuevas ilusiones. Estaba realmente segura de poder asentar su escuela en Grecia. Muy ilusionada por su nuevo amor, reconstruyó las ruinas del templo familiar de Kopanos. El terreno había sido abandonado a su suerte y nuevamente ocupado por los pastores del lugar. Después de tantos años dejándose en esa obra el dinero, Raymond, empeñado en construir unos puentes artesianos que condujeran el agua hasta ese lugar, encontró otros objetivos más apetecibles y abandonó la empresa.

Cuando más grande es la alegría, mayor es también la caída. Y de nuevo, la desgracia pareció cebarse con Isadora. Su querido Arcángel, el hombre que le había hecho volver a sentir el amor, se había enamorado de una alumna suya, una tal Laura. Los celos comenzaron a atormentarla. Nunca en su vida los había sentido tan fuertes. Incluso llegó a pensar en el asesinato y en el suicidio. Un macabro sentimiento le llevaba a espiarlos constantemente. No podía dormir pero debía continuar con sus clases con normalidad. No debía despedir a esta mujer, pero verla todos los días le parecía insufrible. A pesar de los largos paseos, los baños en el mar, el pensar en asuntos más espirituales y grandiosos, no era capaz de calmarse. De nada le servía su experiencia con los hombres, su madurez, sus desgracias. Acababa de sufrir un choque terrible del que no sabía como salir. ¿Qué hacer ante semejante situación? Pese a su gran cultura, su mundo, su experiencia en la vida, fue consciente de la falta de recursos humanos de que disponía para hacer frente dignamente a este caso de desamor. Sólo podía hacer lo que todos; es decir, simular exageradamente una falsa alegría, beber y comer desmesuradamente en las comidas y cenas que daba.

Pero de nuevo, el azar fue el que solucionó el problema. El joven rey griego murió por una picadura de un pequeño animal. Toda la compañía de Isadora tuvo que abandonar inmediatamente Grecia, al haber sido invitados por el presidente del Consejo, ahora también huido por su mala situación política. Su Arcángel y su alumna quedaron libres, e Isadora se pudo liberar de seguir presenciando ese amor que la mataba.

Todo estaba perdido: el dinero invertido en Kopanos, sus proyectos de la escuela griega, su escuela de Bellevue convertida en una fábrica de armamento. ¿Qué le quedaba? Volvió a París, al estudio de la calle Pompe que compartía con su amante traidor. El recuerdo se le hacía insoportable. Creyó nuevamente que todas sus relaciones con los hombres habían acabado mal. Más tarde pensó publicar sus miles de cartas de amor bajo el epígrafe, *Lo que piensan los hombres que es el amor*. Tenía cuarenta y cinco años. Muchas mujeres pasada la barrera de los cuarenta años se cierran a la vida por falsos prejuicios. ¿Tenía ella que resignarse a no vivir más relaciones amorosas porque la considerasen vieja? ¿Cómo hizo su madre? ¿Por qué no se podía enamorar una mujer madura con la misma intensidad que una jovencita? Isadora reivindicó permanentemente la libertad femenina. Según su punto de vista, una mujer madura, con las experiencias que ella poseía, era infinitamente mucho más interesante en el amor que alguien en la primavera de su vida. Las mujeres tienen derecho a enamorarse sea cual sea su edad:¡*Qué tontería cantar sólo al amor y la primavera! En otoño, los colores son más espléndidos y variados, y los goces, infinitamente más poderosos, terribles y bellos* (*Mi vida*, pg 371). Para Isadora, conocer un hombre solamente en tu vida, no era algo de lo que poder vanagloriarse, sino una desgracia. *El milagro del amor, consiste precisamente en la variedad de sus motivos.* Conocer a un solo hombre, era, comparándolo con la música, como conocer la música de un solo compositor.

En la primavera de 1921, recibió un telegrama firmado por Anatol Lunatcharski, Comisario del Pueblo para la Instrucción Pública, encargado de las bellas artes:

156

El gobierno ruso es el único que puede comprenderla. Venga a nosotros. Haremos su escuela. Isadora aceptó el ofrecimiento con una serie de condiciones: el gobierno ruso mantendría todos los gastos de su escuela y le proporcionaría un estudio para trabajar. Las autoridades soviéticas no pusieron ninguna pega y ella decidió a ir a aquel país asumiendo todas las consecuencias. Estaba cansada de las limitaciones burguesas, harta del desprecio de las viejas instituciones. Deseaba una nueva sociedad, más bella, más igualitaria, más justa. Dejaba atrás *la brutalidad del viejo mundo, presta a ingresar en el llamado demonio ideal del comunismo* (*Mi vida,* pg 372).

Con estas palabras de despedida termina el manuscrito escrito por Isadora Duncan pocos meses antes de su muerte el 14 de septiembre de 1927. Debido a su accidentada muerte el manuscrito con sus memorias no pudo ser revisado.

IX. EL FINAL

Moscú la esperaba impaciente. Atrás dejaba América que tan mal la había sabido comprender, a la que sólo le interesaba el dinero pero nada quería saber sobre el arte ni sobre la belleza. De los países europeos, Isadora siempre mantendrá una fiel y buena relación con Francia. Fue allí donde conoció a Singer, y en donde murieron sus hijos. Para ella, Francia era el país de la libertad, a pesar de que el gobierno francés fue siempre tan desinteresado de su arte y jamás apoyó económicamente sus proyectos. En ese aspecto Francia era muy similar a América. Si consiguió abrir en París su escuela fue gracias al millonario y generoso Singer, pero el proyecto fracasó en parte por culpa de la guerra. Rusia aparecía como su última esperanza después de recorrer medio mundo solicitando ayuda para su danza. Por algo fue la primera nación socialista del mundo. La revolución ofrecía a la Humanidad, un sinfín de nuevas posibilidades artísticas y nuevas concepciones y maneras de vivir la vida. Sus alumnos serían acogidos gratuitamente, y el pueblo, podría recrearse con sus danzas sin pagar nada. Ya estaba harta de bailar para el reducido y exclusivo núcleo de intelectuales, artistas de renombre, aristócratas y millonarios de todo tipo que la aplaudían incondicionalmente. Ahora se le presentaba una ocasión única para mostrar su arte al pueblo, a las masas de obreros. Rusia, que ya conocía en parte por anteriores viajes, siempre la había causado admiración, ¿en qué otra nación del mundo era tan importante el arte, la música, la danza y la educación en general? Sus amigos europeos y en general, su círculo de conocidos y no tan conocidos, no calibró con tanto entusiasmo el nuevo viaje de su estrella. En los países occidentales se vivía una ola de rechazo total hacía el nuevo gobierno y sociedad rusa. En cierto modo se sentían amenazados ante una posible extensión socialista por el mundo que diese como resultado, la eliminación del sistema capitalista que sustentaba a estas sociedades. La política impuesta en Occidente, fue una consecuencia del miedo: aislacionismo económico y diplomático hacia Rusia, vigilancia muy estrecha a cualquier ciudadano proveniente de estas latitudes, y propaganda *antibolchevique* desmesurada. Se trataba de meter miedo a la población, y en la medida de lo posible, hacer naufragar el ideario revolucionario. Los medios de comunicación comenzaron a acusar a Isadora de bolchevique. Ella, normalmente rápida en sus respuestas contestaba: *No sé si me he convertido en una bolchevique. Lo que sé es que la URSS (¿) es el mayor milagro que se ha producido en la Humanidad desde hace dos mil años* (Lever, Maurice, *Isadora*, (Traducción de Joan Vonyoli. Primera edición, abril, 1989. Ed Circe. Barcelona, pg 285). Fue el principio de una persecución mediática que sólo buscaba el escándalo, el distraer a la población, ganar dinero con la fácil publicación de noticias sobre su vida privada. Isadora hizo declaraciones en la prensa para tratar de defender sus posturas, pero lejos de dejarla en paz, la prensa de entonces la acechaba con insistencia. En cada declaración pública de la bailarina, se abría un nuevo debate en los medios de comunicación. En general, una mayoría de la sociedad norteamericana la rechazaba por diversos motivos, entre ellos, sus declaraciones de índole político. Pero también encontraba adeptos fieles.

El gobierno soviético fue el único que se comprometió a sufragar todos los gastos que conllevaba un proyecto artístico tan ambicioso. Recordemos que le habían asegurado que podría crear una escuela de grandes dimensiones con capacidad para unos mil niños. Eso era lo que siempre había soñado. Nada de contratos, de estar pendiente del dinero recaudado en taquilla, ahora sólo tendría que dedicarse a su escuela sin preocuparse de nada más. Isadora pensaba quedarse en principio unos diez años en Rusia. Sus sueños parecían convertirse en realidad.

Antes de partir para Rusia, se despidió, como es lógico, de sus amistades más íntimas dando una fiesta en su casa parisina de la calle La Pompe. Muchos de sus amigos de entonces trataron de desanimarla, alegando sobre todo razones prácticas. Vivir en Rusia constituía una aventura peligrosa. En este alejado país se pasaba mucho hambre y mucho frío. Pero bien pensado, ¿qué le importaban a Isadora ahora estas cosas? ¿Es que acaso no había pasado hambre en su primera juventud? Su cometido era de mucho más alcance. Quedarse en Europa con los brazos cruzados sin aceptar la propuesta única del gobierno ruso, era totalmente imposible para ella. Además adoraba el riesgo, le hervía su sangre aventurera en cada uno de estos proyectos tildados por otros de alocados. Alejarse por fin de Europa, vivir nuevas experiencias, montar su escuela pública de danza, y quien sabe, a lo mejor encontrar de nuevo el amor. De las monitoras que la ayudaban desde hacía años en sus escuelas de París, Suiza y Alemania, sólo accedió a acompañarla una tal Irma Duncan, bautizada así por la propia bailarina en una muestra de cariño y aprecio, y el ama de llaves desde hacía quince años, Jeanne. El resto de su personal habitual decidió quedarse en Europa por diversas razones.

El 1 de julio de 1921, un ferry salió para Londres con grandes esperanzas. Isadora no llevaba absolutamente nada en las maletas. Para qué llevar ropa a lo burgués, si seguramente en Rusia sólo vestiría con una blusa roja revolucionaria. La ropa y otros enseres era precisamente lo que menos le inquietaba de ese viaje. Rusia no parecía ser de Europa, sino de otro continente. El 19 de julio del mismo año, desembarcaron en Tallín y tomaron un tren para Moscú. Atrás dejó a su buena amiga María (¿Mary Desti?), que la prometió que siempre que necesitase su ayuda allí estaría. El viaje en tren fue toda una epopeya. Una maquinaria de la primera remesa de fabricación nacional, abarrotada en todas las estaciones. La atmósfera de sofocación era inconfundible. Una avería les obligó a retrasar su llegada medio día. En la frontera con Estonia estuvieron tres días con sus tres noches, sufriendo un estricto control militar. Todo el país estaba en armas. Se temían infiltraciones perniciosas, actos de sabotaje. El control fronterizo tenía que ser realizado de forma muy meticulosa. Al llegar por fin a Moscú les esperaba una sorpresa: nadie había venido a recibirlas. Isadora se había acostumbrado al encuentro caluroso. Ingenuamente, había llegado a creer que su llegaba iba a levantar pasiones entre el pueblo y las autoridades.

Ya en Moscú pasaron de nuevo otros meticulosos controles. Nadie podía escapar a la burocracia y a la censura. Revisaron todo su equipaje, cambiaron sus apreciados dólares por la nueva moneda revolucionaria acuñada, que lleva grabados una hoz y un martillo, símbolos de la revolución. El socialismo había eliminado en teoría las clases sociales, ya no existían esos mozos en las estaciones que cargaban con el pesado equipaje. Todos los hombres debían tener la misma categoría, se habían suprimido los calificativos de señores y criados. Cansadas y sorprendidas, llegaron por fin al alojamiento que les habían reservado: una habitación destartalada, sin ningún lujo, bastante más pobre de lo que esperaban e infectada de ratas. Algo había tenido que ocurrir. ¿No había hecho un viaje tan largo para transformar la sociedad? Tenía que haber habido un error. Aquella habitación, aquella bienvenida, desde luego no eran de su agrado ni de su *honorífica categoría*. Al día siguiente se encaminó hacia la casa del Comisariado del Pueblo para la Instrucción Pública, deseando hablar con Lunatcharski. La oficina era una lugar funcional sin más decoración que las fotografías que vestían las paredes: imágenes de Lenin, Rykov, Tchitcherine, Trotski, y en un sitio preferente, las de Engels y Marx. Le recordó la promesa del gobierno ruso: pagar todos los gastos de una gran escuela y el estudio para ella y sus monitoras. Lamentablemente, la situación del país era muy triste, más de tres millones de personas pasaban hambre. Muchos campesinos llegaban a Moscú, huyendo del hambre y la muerte segura a causa de las pésimas cosechas. La gravedad de la situación impedía al gobierno cumplir de momento con sus anteriores promesas. Tenía que entenderlo. El gobierno necesitaba primero atender a toda esta masa de gente hambrienta. Sintiéndolo mucho, de momento podían proporcionarle el edificio, el palacio de la Balachova, una célebre bailarina del Ballet Imperial que se refugió en París durante los primeros días de la revolución. Eso era todo lo que se comprometían a hacer por el momento, más adelante ya se vería. Isadora tendría que pagar ella sola todos los gastos de su escuela y la calefacción, que en Rusia es algo vital.

Esperando que la situación cambiase y entendiendo que las circunstancias que se vivían en el país eran de extrema gravedad, aceptó sin más remedio la nueva propuesta. Lo que no le había revelado su buen comisario Lunatcharski, es que no había contado con la opinión del Politburó. Ese desliz le hacía estar en una posición bastante insegura frente a Isadora.

Tras instalarse oficialmente en agosto de 1921 en el palacio de Balachova, el 7 de noviembre de ese mismo año, para celebrar el cuarto aniversario de la revolución bolchevique, fue invitada por el gobierno a bailar en el Bolchoi. Escogió para celebrar tan importante evento, la *Sexta sinfonía* de Tchaikovski y *La marcha eslava*, piezas que siguió representando en sus giras posteriores por Europa y América. Al final de su representación interpretó *La Internacional* vestida de rojo. Ese fue su personal homenaje al advenimiento de *una nueva Humanidad.*

El 3 de diciembre de ese mimo año se inauguró la Escuela Nacional de Danza Isadora Duncan. Acudieron a este acto una delegación oficial encabezada por Lunatcharski. La situación en Rusia era caótica y el gobierno ruso sólo estaba dispuesto a admitir en esta escuela a unas cuarenta alumnas. El pago de los gastos prometido se canceló ya lo sabemos, por causa de fuerza mayor. El gobierno no tenía dinero para la escuela, pero le sobraba la mano de obra, quería agradarla y que su estancia fuera lo más cómoda posible. De ahí el envío a pares de funcionarios servidores: varios mozos, amas de llaves, cocineros a pesar de la falta de alimentos. Isadora sabía cómo conseguir el dinero mientras esperaba a que la situación cambiase. Lo que tenía que hacer era lo que siempre había hecho, es decir, dar representaciones en teatros ofrecidos generosamente por el gobierno, o hacer giras por el país cobrando la entrada. Sabía que el pueblo ruso la quería. El régimen socialista cuidaba especialmente a los niños, artistas e intelectuales. Isadora gozaba del estatuto de *trabajadora intelectual* que le concedía ciertos privilegios, como una ración alimenticia diaria más generosa que al resto. El mercado de alimentos de contrabando floreció con rapidez.

Después de ver fundada su soñada escuela llegó el amor. No se sabe cuándo ni dónde conoció al que sería su único marido, Sergei Alexandrovitch Esenin, un joven poeta de veintiseis años, que participó en la elaboración del manifiesto de los imaginistas. Los imaginistas eran un grupo de poetas rusos que se divertían provocando al público con toda clase de textos obscenos en las tabernas. Esenin, hijo de campesinos ucranianos, era un joven de una extraña belleza, con sus ojos verdes gatunos, su pelo rubio rizado, su imagen de dandy vestido por los mejores sastres del país. Le gustaba la provocación, pero no suscitaba ni escándalo ni indignación. Como Isadora, era incapaz de permanecer quieto por mucho tiempo en ningún lugar. Ambos tenían la misma alma vagabunda. Padecía, aunque es difícil de confirmarlo, crisis de epilepsia. Por lo menos él se jactó alguna vez de padecer esta enfermedad igualándose, al menos en ese terreno, con otros grandes literatos rusos como Dostoievski. Lo que está confirmado es que sufría un alcoholismo exagerado desde su temprana adolescencia, y que ya se empezaban a mostrar sus perniciosas consecuencias. Isadora conocía la gravedad del asunto. El problema del alcoholismo no era una cosa sin importancia, desde luego, pero le amaba igualmente con locura. Para ella el cuidarle, el tratar de separarle del alcohol, el redimirle, formaba parte de este nuevo reto imposible de amor. En nombre del amor aguantó durante largos años sus tremendas palizas, sus cambios bruscos de carácter por culpa de la psicosis que empezaba a despuntar a consecuencia de su dependencia con el alcohol. Las borracheras le convertían en un bruto, un animal arrogante, infantil, tiránico, pero a veces, muy tierno y cariñoso. Para ella era su Ángel-Demonio, su Patrick muerto personificado de nuevo en este

Isadora Duncan tuvo sus mayores éxitos en Francia y Rusia.

poeta genial pero enfermo. La relación se mantenía por la fuerza del instinto, por la pasión repentina. Isadora tan sólo conocía un par de palabras en ruso, y Esenin no hablaba otra lengua que la suya. Habitualmente sobraban las palabras, pero a veces, hacía falta un intérprete, sobre todo cuando ella quería explicarle las razones de su arte, sus objetivos vitales. Todos los gastos del matrimonio los pagaba la generosa Isadora para quien el dinero no tenía más que un valor de cambio, una herramienta molesta para conseguir sus fines. Sin conocer nada de la vida anterior de su amado, Isadora se enamoró sin medida, apasionadamente, de él. Desconocía que tenía un niño de Amma Izryadovna; que ya se había casado y divorciado con Zinaida Raikh, con la que tuvo otros dos hijos. Desconocía por completo que Esenin era un hombre mujeriego, promiscuo, con alguna posible relación homosexual con algún que otro amigo, según desvelaban sus cartas personales. A Isadora no le interesó el pasado de su Sergei. Lo que importaba ahora era simplemente estar a su lado pasase lo que pasase, cuidarle, vigilarle. Sólo le interesaba darle todo su amor, que era mucho. Amar locamente a este hombre-niño daba sentido a su vacía existencia. Amarle en el sentido más puro del término. No era tampoco una relación alocada. Isadora conocía muy bien en dónde se metía. Sabía intuitivamente quién era en realidad aquel hombre genial, ese Esenin, qué era lo que buscaba, que no era otra cosa que la destrucción de sí mismo. Quizás Isadora buscaba inconscientemente lo mismo. Se metía en un abismo difícil de escapar. Siempre había vivido sin calcular nada, dejándose arrastrar por sus impulsos sentimentales más primitivos. Él desde luego, le proporcionaba emociones brutales, muy violentas, salvajes, y ella, una basta cultura, viajes y amistades brillantes. Gracias a Isadora, Esenin descubrió toda la vida lujosa de Occidente; los modistos de París, los automóviles de marca, los viajes en transatlántico. Un dandy como era él, tan dado a gastar fortunas ajenas en el cuidado personal, debió quedarse encandilado por el estilo de vida de su amada, que desde luego, tampoco se privaba de nada. Isadora enamorada, loca, buscaba de alguna forma inconsciente su propia muerte. ¿No anhelaba desaparecer inconscientemente desde el accidente mortal de sus hijos? Se doblegaba a sus deseos a pesar de los maltratos físicos y psicológicos de este ser, no podía ni pensar en la angustia que supondría perderle. Romper con su Sergei equivalía a repetir de nuevo el drama de la muerte accidentada de sus pequeños. Nadie a su alrededor comprendía a la bailarina. ¿Cómo era posible que una mujer de 46 años que siempre había luchado por ser independiente, por la libertad femenina, se viera ahora incapacitada para romper esta relación con un hombre que la humillaba públicamente y que la maltrataba sistemáticamente? Ella sólo podía responder que le amaba, que tenía que sacrificarse porque necesitaba al hombre de esos cabellos tan rubios, como los de su Patrick.

El 3 de mayo saltó a la primera página de toda la prensa internacional la noticia: Isadora Duncan se había casado por lo civil con el poeta. Enseguida se publicaron las primeras fotos de la pareja. Isadora estaba casi irreconocible; mucho más gorda, con el pelo teñido de un color cobrizo, con sus largos pañuelos multicolores y su vestimenta a lo ruso. ¿Dónde estaba la muchacha norteamericana, morena, espigada y deportista de antaño? A pesar de los cambios físicos inevitables por el paso del tiempo y las duras experiencias vividas, conservaba gran parte de su belleza y la fuerza vital de su personalidad. Seguía siendo muy atractiva, era muy fuerte físicamente, inconfundible con aquella nariz respingona. El cuerpo podría haber cambiado, pero sus principios permanecían intactos. ¿Por qué se casó entonces? ¿No fue una acérrima defensora del amor libre y partidaria de anular el matrimonio que esclavizaba a la mujer? A pesar de lo que se pudiera deducir de las apariencias, ella seguía pensando lo mismo. Si se había casado era tan sólo para que Esenin pudiera acompañarla en su nueva gira europea. Necesitaba dinero para su escuela en Rusia, y no quería separarse como es lógico de su poeta, al que cuidaba como una madre. Ambos tenían pasaporte soviético. Isadora había perdido la nacionalidad norteamericana al casarse con un ruso. Un ruso tenía vetada la entrada en la mayoría de los países occidentales. A priori se le consideraba una persona sospechosa a la que había que vigilar cuidadosamente. Gracias a la fama de Isadora, y su amistad con muchos diplomáticos y políticos de Occidente, lograr un visado era algo muy fácil. Tenían la entrada prácticamente garantizada. La salud de Sergei empeoraba día tras día. El médico le había aconsejado viajar, distraerse. Llevarle a Europa para alejarle de sus amigos imaginistas con los que noche tras noche bebía sin parar. Su equilibrio nervioso estaba muy alterado. La boda por lo civil fue la única vía posible para que Esenin pudiera salir de la Unión Soviética. Gracias al recién firmado contrato, juntos recorrerían Berlín, Londres, Nueva York, Boston y Chicago. Isadora esperaba ganar el dinero suficiente para fundar su escuela en Rusia y alejar a Sergei del alcohol, y el poeta conocer el mundo occidental y triunfar con sus poemas.

Llegaron a Berlín el 10 de mayo de 1922, es decir, escasos días después de su enlace matrimonial. Se alojaron en el hotel Adlon, uno de los más lujosos de la capital alemana. En Berlín, como en París, había una extensa colonia de exiliados rusos que tenían una cosa en común: su férreo espíritu antirrevolucionario. Numerosos aristócratas, comerciantes, intelectuales, y artistas varios, habían creado una verdadera colonia rusa en Alemania. Sergei se divertía provocándoles cantando La Internacional en los restaurantes. Las peleas estaban aseguradas. El poeta había salido de su querida Rusia por razones personales pero apoyaba firmemente la revolución. Que nadie se atreviera a acusarle de traidor. La pareja vivía como auténticos reyes: se alojaban en las más lujosas suites de hoteles, comían en los mejores restaurantes de la ciudad. En una semana se gastaban el sueldo mensual de un empleado de banca de la época. Eso sin contar con las facturas millonarias dejadas en concepto de bebidas alcohólicas y las propinas exageradas. Isadora y su Esenin vivían sin límites de ninguna clase, gastando desproporcionadamente a sus ingresos. La prensa se cebaba con ellos. El escándalo seguro, el morbo, la noticia fácil, atraía mucho al dinero. El desesperado empresario les advertía, que de no cesar estas declaraciones públicas prosoviéticas, cancelaría los contratos. Pero la pareja nunca dejó de apoyar en cada acto a la nueva sociedad revolucionaria socialista. Entre el grupo de exiliados había literatos rusos de renombre y partidarios también del cambio social a los que visitaron por las afinidades ideológicas y la simple admiración. Los dos más insignies eran Máximo Gorki y el conde Alexis Tolstoi, partidarios de la revolución pero no de las formas llevadas a cabo para conseguirla. Gorki (1868-1936), fue un autodidacta cuya vida y obra se caracterizó por un acusado espíritu de rebeldía. Luchó toda su vida contra el estado de miseria y de injusticia que se hallaba la Rusia en la época zarista. Encarcelado en 1905, huyó a Berlín (donde conoció a Isadora y Esenin), París y a los Estados Unidos. Ayudó siempre a la causa bolchevique. Tolstoi (1828-1910) no era un revolucionario como Gorki, pero «su amoroso humanitarismo» y el sentido de igualdad social derivado de su concepción cristiana, le hicieron un autor muy apreciado por los críticos posteriores de la revolución». (*Diccionario de Literatura Universal.* Ediciones Generales Anaya, Madrid, 1985). Ambos admiraron sinceramente el genio poético evidente de Sergei Esenin.

La vida privada de la pareja seguía como siempre. Los escasos momentos de felicidad y ternura se veían cortados por la violencia entremezclada por el odio, las lágrimas y los golpes. Después de la tormenta venía el dulce pero breve arrepentimiento. Vivían *enloquecidos*, fuera de toda norma, sin control y sin límites, rozando la fina línea que separa la cordura de la locura. Isadora le adoraba incondicionalmente. Paciente, le perdonaba absolutamente todo. Y él, sabedor de este amor sin fronteras, se aprovechaba para realizar todas las perrerías que podía.

En Berlín tras la Primera Guerra Mundial, se respiraba una atmósfera mísera contrastada por unas ansias desmesuradas de vivir alegremente. Los cabarets y los clubes nocturnos de toda clase proliferaban por la ciudad. Como no podía ser menos, Isadora, Esenin, y sus recientes amigos Nabokov y Gorki, los visitaban todas las noches. A Sergei le atraían los travestis. Isadora un día le sorprendió totalmente maquillado y vestido como una mujer.

169

Julio de 1922, en un coche a gran velocidad recorren las ciudades de Lübeck, Francfurt y Weimar. Sergei empezaba entonces un período de nostalgia y melancolía muy acusado. Quería regresar a su Rusia natal. Estaba decepcionado de Alemania, harto de ser tildado diariamente en la prensa sensacionalista de «el joven marido de». Llegó a Europa con la ilusión del triunfo. Ahora sabía con claridad que era imposible en Europa. Occidente reaccionaba muy violentamente contra todo lo ruso. El rechazo sistemático a su persona se hacía extensivo a toda la sociedad rusa. No se equivocaba; en el único lugar donde podía tener alguna esperanza de ver reconocido su gran talento era exclusivamente en su país. Europa vivía uno de sus peores momentos en el arte.

El desánimo se acrecentaba. Cada día estaba más irritado y enfurecido. El diagnóstico médico no dejó lugar a la duda: o dejaba de beber en tres meses, o se convertiría en un loco furioso peligroso. Le habían diagnosticado una depresión nerviosa y una polineuritis etílica. Isadora alarmada le rogó que intentara dejar de beber, y él dócilmente se plegó a sus súplicas. Desgraciadamente la falta de ingesta alcohólica agravó los episodios violentos que se volvieron insufribles. Isadora ya no sabía cómo ocultar al público los golpes diarios que le propinaba el poeta en su cara. Empezaba a temerle muy seriamente. Necesitaban un intérprete ahora más que nunca. Contrataron con ese fin, a Lola Kinel, que realizó las funciones conjuntas de intérprete ruso-inglés y secretaria de Isadora. Sergei muy pronto la tomó personalmente contra Lola. Hacerle la vida imposible se había convertido en un nuevo placer. Mientras el poeta sufría lo indecible, Isadora triunfaba en los escenarios. El público la aplaudía igual que antaño. Su arte había llegado a la pureza de la perfección. Ofrecía un arte de un altísimo nivel, una capacidad de expresión mayor que en el pasado, utilizando menores recursos técnicos.

Viajaron a Bruselas y a Francia. Las autoridades, avisadas de su llegada, les acechaban. Y si les dejaron entrar fue con la condición de no realizar ningún acto de «propaganda prosoviética». Se sentían vigilados por la policía las veinticuatro horas del día.

Tras permanecer una semana en París, viajaron de nuevo. Esta vez por Italia: Venecia, en donde se alojaron en el Lido, en el famoso hotel Excelsior Palace. Isadora nunca cesaba de cuidar a su poeta, de vigilarle estrechamente. Tenía por principio jamás dejarle solo temiendo las desastrosas consecuencias. Sergei estaba cumpliendo con la promesa de no beber. Ahora era más importante que nunca que no recayera de nuevo en la bebida. Lola le ayudaba en su trabajo de vigilante permanente. La pobre interprete cumplía perfectamente con su trabajo y por eso Esenin comenzó a acosarla salvajemente. Por esa razón tuvieron que despedirla. Quería escaparse de la vigilancia. La convivencia se hizo insufrible. Isadora le aguantaba estoicamente por amor, pero Lola no tenía porqué soportarlo. A pesar de todo el cuidado puesto las 24 horas del día en la ingrata tarea de vigilar a un enfermo violento, el poeta, desgraciadamente, se volvió a enganchar a la bebida durante su estancia en Italia. Todo estaba perdido. El equilibrio nervioso muy debilitado, parecía condenado a sufrir la psicosis crónica.

Desde Italia viajaron de nuevo a París. Esta ciudad europea era la que más le gustaba también a Sergei. Se apreciaba una diferencia considerable con respecto a otras ciudades que habían visitado: París seguía siendo un centro cultural muy importante, una ciudad abierta a otras ideas y tendencias artísticas. Hasta el violento Sergei se encontraba muy a gusto.

Tras unos días de disfrute en la capital francesa, la pareja inició una larga travesía a bordo de un transatlántico que les llevó a Nueva York, en donde desembarcaron el 1 de octubre de 1922. La atmósfera antisocialista era mucho más acusada en Norteamérica. La policía les retuvo en el buque sospechando que podían ser agentes infiltrados del gobierno ruso. Les hicieron pasar todo la noche a bordo hasta que las autoridades estuvieron seguras de los auténticos propósitos de los viajantes. Si las autoridades querían evitar la publicidad, su actuación fue la mejor fórmula para conseguir todo lo contrario. La única condición que les pusieron para poder estar en territorio norteamericano fue renunciar a cualquier actividad política y que no cantasen La Internacional, terminantemente prohibida. La policía se había informado muy detalladamente de cuales eran las costumbres de la pareja. El prohibir algo como aquello a una pareja de provocadores que no temían a nadie, era imposible. Isadora publicó enseguida en la prensa, un artículo en el que decía estar decepcionada de las autoridades neoyorquinas. El trato recibido le parecía indigno de su país. ¿No era aquel el país de la libertad? ¿Dónde estaban ahora sus derechos de opinión? ¿Esa era la forma de tratar a Isadora?

Numerosos fotógrafos y reporteros les persiguieron constantemente durante toda su estancia. Al público común norteamericano nunca le había interesado el arte de Isadora, pero se desesperaba por conocer los últimos cotilleos íntimos y las declaraciones más provocadoras de la pareja de moda. Una gran parte de la sociedad norteamericana, que era muy puritana, criticaba la gran diferencia de edad de la pareja, que distaba unos veinte años. Por edad, Isadora bien podría haber sido su madre. Estas críticas maliciosas eran sólo uno de los muchos comentarios negativos que vertían en los medios de comunicación. Diariamente se comentaban en los medios, todo tipo de detalles insustanciales pero que hacían indudable daño en la convivencia y en la salud de Esenin. El poeta bebía más que nunca. Se les criticaba todo, desde la ropa y el aspecto de los dos, hasta sus ideales socialistas. Isadora, era para muchos norteamericanos, persona non grata por sus ideas políticas, y eso que ella siempre alegó no interesarle ese asunto. La acusaban de ser roja. Por otra parte, ella nunca permanecía callada y no se dejaba humillar ni amilanar. Su boda representaba la unión entre Estados Unidos y Rusia. Esa era su respuesta, un tanto mística, a la pregunta maliciosa del por qué de su matrimonio. Se llevaban más de veinte años, y el poeta era tan atractivo. *El público acusa a Rusia por ignorancia* —explicaba en los discursos que comenzó a dar tras cada representación. La revolución rusa no era algo demoníaco, sino la ilusión por una sociedad más justa e igualitaria. Todo el programa ofrecido en los distintos recitales dados en Norteamérica, estaban basados en música rusa. Lo único que había cambiado de su representación ideada

172

en Moscú era la suprimida Internacional. La censura era atroz. Isadora siempre hablaba en la prensa de su querido Esenin como del más grande poeta del siglo XX y de su apoyo incondicional al gobierno ruso. No dejaba, para paliar los maliciosos comentarios del tipo mujer madura mantiene a su gigoló ruso, de explicar cuál era el tipo de trabajo que él realizaba. Para la mayoría de la sociedad norteamericana, sin embargo, el poeta, por mucho que Isadora se esforzase en dar sus razones, *seguía siendo un mantenido por una bailarina célebre que podía ser su madre* (Lever, pg 319). La prensa ayudaba y mucho, a seguir crispando el ambiente. Muy lejos de mostrarse compasiva con la enfermedad del poeta, cruelmente solía apodarle, «el joven marido de Isadora Duncan». Cuanto más celebraba ella públicamente su genio poético, menos soportaba él su posición de consorte.

La publicidad gratuita de la prensa llenaba la sala de los teatros. Todos los conciertos terminaban con un discurso cada día más duro, en dónde se explayaba a gusto explicando a su público sus idealistas ideas a favor de Rusia.

Llegaron a Boston, la ciudad más puritana y reaccionaria de los Estados Unidos. Su fiel empresario hubiera deseado ignorar esa ciudad, pero bastó insinuarle a la tenaz Isadora tal posibilidad, para que ella la incluyera de inmediato. Su vocación de profesora no tenía fronteras. Le aconsejaron ser prudente, pero según su lógica, eso supuso bailar más destapada que nunca y aumentar la dureza y franqueza de sus muchos discursos. ¿Por qué si no eligió precisamente en esa ciudad, bailar semidesnuda envuelta en un echarpe rojo? Precisamente en Boston, Isadora se despachó muy bien servida, con discursos en donde explicaba que su arte, simbolizaba la liberación de la mujer: *La mujer debe liberarse de las estrechas convenciones que son la trama del puritanismo; Toda la vulgaridad puritana está concentrada en esta ciudad.* La puntilla de todas estas declaraciones libertarias, fue su comentario crítico en el que elogiaba el gobierno soviético tildándole de *paraíso* y decía despreciar al norteamericano por su *nulidad*».

La reacción del público fue la esperada: todos estaban contra ella, enfurecidos de su atrevimiento y su desprecio notorio.

Isadora se defendía de todas esas voces que trataban de hacerla callar: *quiere tratarme como a una criminal, como una propagandista bolchevique, pero no voy a dejarme intimidar* (Lever, pg 322).

La gira continuó en Chicago, Indianápolis, Kansas City, San Luis, Memphis, Detroit, Cleveland, Baltimore, Filadelfia y Brooklyn. Finalizó el 24 de diciembre de 1922.

Dejaban atrás cuatro meses recorriendo los teatros de Norteamérica. Había llegado para conseguir dinero para su escuela rusa y había fracasado de nuevo. Enseguida publicó en la prensa un artículo en el que trataba de explicar las causas de este fracaso. No era a causa de su alcoholismo, ni una muestra de su declive artístico, sino que todo había sido consecuencia del acoso de la prensa dispuesta a cualquier cosa con tal de acabar con su carrera y humillarla por sus ideales. El 3 de febrero se encaminó hacia Cherburgo. En esta localidad entabló una conversación con la pareja de su hermana Elisabeth, Max Merz, Director de la escuela de danza que ambos habían abierto. Por primera vez, Isadora reconocía públicamente que Esenin la pegaba sistemáticamente. El 11 de febrero llegaron a Cherburgo. Isadora no podía más. La soledad, los problemas diarios, el fracaso económico, las palizas de Sergei. Necesita el apoyo de una buena amiga que la aconsejara en esos duros momentos. Telegrafió a su fiel María, quien acudió puntual a recibirla a su llegada a Cherburgo. De allí se trasladaron a París, alojándose en el hotel Crillón. Por segunda vez tenía la oportunidad de abrir su corazón y confiarse: su adorado Esenin era un enfermo psicótico que le pegaba, y para colmo, su esperanzada gira americana había sido un rotundo fracaso. ¿Qué podía esperar de esa supuesta América de la libertad? *Norteamérica ya no es mi patria* —dijo (Lever, pg 327). En los únicos lugares en donde se había sentido bien recibida, y en dónde, pensaba, podía crear su escuela, eran París y Rusia. El generoso Singer volvió a aparecer de nuevo en su vida, ¿o es que acaso siempre había estado allí, dispuesto a solucionar la mayoría de sus problemas económicos? El bueno de Singer accedió a su ruego y pagó todos los

174

billetes de vuelta a Europa. Gracias a este gesto pudieron encontrarse en París.

Con el dinero prestado dieron una fiesta de bienvenida en su habitación de hotel. Isadora no podía tener nada de dinero. Ganaba fortunas, pero se las gastaba inmediatamente. En el transcurso de la fiesta, empezó a echar en falta a su marido. Sabía de buena fe que se había marchado a recorrer todos los tugurios de la ciudad buscando diversiones, peleas y abundante bebida. Lo peor era su regreso y la paliza mortal que seguramente le propinaría. Tenía que esconderse antes de que él regresase. Su vida estaba en peligro. Efectivamente, Esenin apareció a altas horas de la madrugada completamente alcoholizado, buscando a Isadora desesperado. Isadora estaba escondida junto con su buena María. Los gritos del poeta les hicieron temer lo peor: su estado mental era tan grave, que estaban seguras que de haberlas encontrado, hubiera acabado con ellas. Decidieron que lo mejor era llamar a un médico lo más rápidamente posible. Y cuando éste llegó, vio a Esenin *armado con candelabros* (Lever, pg 330), destrozando las cómodas, armarios y todos los espejos que encontraba. Había hecho trizas las camas, las sábanas, arrancado las cortinas y los cuadros de las paredes. En cuando estuvo el poeta apartado en el hospital, el médico les explicó que Esenin padecía un desequilibrio mental tan peligroso que no podía permanecer por más tiempo en libertad, era necesario internarle en un psiquiátrico.

Con el dinero que encontraron escondido en el maletín del poeta, pudieron pagar todas las reparaciones del estropicio, pero después del destrozo de la habitación del hotel Crillon, todos los hoteles temían a la pareja y muy pocos les permitían la entrada. Para Isadora, encerrar al poeta, suponía un imposible. Ella era su esposa, la que le cuidaba. No podía concebir que su marido estaba muy enfermo y que su ayuda sola no bastaba para contenerlo. A pesar de todo, las leyes francesas eran muy estrictas y ellos, no podían olvidarlo, tenían pasaporte ruso. La expulsión del país francés fue inmediata: a Sergei Esenin, además, se le prohibió la entrada a Francia para el resto de sus días.

Si en Francia no les querían se marcharían a Berlín. En esa ciudad Sergei contaba con muchas amistades entre el círculo de exiliados rusos, mientras, Isadora y sus fieles servidoras, se alojarían en Versalles para descansar. Isadora contaba con muy buenos amigos diplomáticos que le ayudaron a conseguir de nuevo los papeles necesarios para residir sin problemas en Francia. Antes de marchar hacia su Versalles querido, escribió una carta-aclaración al *New York Herald,* publicada el 17 de febrero de 1923 en la que declaraba:

Ustedes han escrito que las crisis de locura de Esenin se debían al alcohol. Es absolutamente falso. Ante todo, son el resultado de las crueles privaciones que sufrió durante la guerra y la revolución. Y sobre todo, del whisky de contrabando que bebía en los Estados Unidos debido a su maldita prohibición y que le envenenó la sangre.

Pequeñas mentiras «piadosas» para engrandar públicamente la figura de su Sergei (Lever, pg 335). Ya había acudido a descansar anteriormente a Versalles, días antes del accidente mortal de sus hijos. Ahora volvía al mismo lugar por razones distintas, pero en un estado crítico similar, quizás acentuado por las desgracias del pasado. En Versalles, la prensa no la dejó estar tranquila, acosándola sin parar día y noche. Prosiguió defendiendo a Esenin de todas las acusaciones que se vertían sobre su persona en los medios de comunicación. Sergei desde Berlín, por lo contrario, no cesaba de publicar comentarios despectivos contra su mujer.

No viviría más con ella ni por todo el oro de Norteamérica. En cuanto llegue a Moscú, pediré el divorcio. He sido un estúpido. Me casé con la Duncan por su dinero y por la posibilidad de realizar viajes. Norteamérica no se interesa por el arte en absoluto; es un país de materialismo barato. Los norteamericanos se creen superiores a los demás porque son ricos, pero yo prefiero la pobreza de Rusia (Lever, pg 336).

La acusaba, entre otras cosas, de ser dominante, una mujer alcohólica, enferma, absorbente e insatisfecha sexualmente. Un ser insaciable al que quiso con locura, pero del que era preciso separarse. Era cierto que Isadora bebía y mucho, pero a diferencia de él, ella poseía una fortaleza física que aguantaba sin inmutarse y aparentemente sin sufrir grandes estragos en la salud. Jamás perdió el control sobre sí misma. Era algo que nunca se permitió. Esenin era más frágil, quizás poseyera más imaginación que ella, pero le faltaba su resistencia y su determinación.

Según el poeta, Isadora le exigió demasiado: *la Duncan me agotó literalmente. Hasta el punto de que tengo la impresión de haber sido violado.* Estas declaraciones parecían el reverso de una gran pasión que les consumía. Sergei no podía vivir sin ella, y ella sin él. Un amor fatal les unía. También el poeta se expresaba con dulzura en ocasiones. Sí, Isadora era quizás, la única persona que le había amado y comprendido. Sus sentimientos siempre habían sido muy ambivalentes, mezclándose el odio, la crueldad con la ternura y el afecto.

Muy bien sabía el poeta que Isadora acabaría por reunirse con él en Alemania. Para ello la presionaba todo lo que podía, incluso, utilizando la amenaza del suicidio si no regresaba junto a él. Isadora no pensaba en otra cosa, a pesar de conocer de antemano el fatal desenlace de este reencuentro. Un día, presa de la angustia, tomó su coche y a gran velocidad (a unos 160 kilómetros por hora), salió de Versalles y se plantó en Berlín para buscar a su amor. El reencuentro se produjo en el *hall* del hotel Adlon, con la sorpresa de todos los que allí se encontraban. Parecía que no existía nada más en aquel momento tan tierno. Besos, abrazos, lágrimas por la felicidad del reencuentro. La dirección del hotel conocía las fiestas salvajes que acostumbraba a celebrar el matrimonio, y les negó el alojamiento. No les importaba nada, buscarían otro lugar. Efectivamente, en otro hotel, ya alojados, decidieron celebrar una fiesta a lo ruso por todo lo alto: con caviar, vodka en abundancia, canciones y bailes rusos. Invitaron a todos los poetas e intelectuales rusos que se encontraban en Berlín. Para que pedir más, el poeta, más excitado que nunca, bailó encima de las mesas mientras agarraba a Isadora con fuerza y la besaba. Después, sin venir a cuento, la arrojó con violencia estrellándola contra el mobiliario. Los insultos se sucedían entre ambos. Isadora le llamaba perro y cerdo. Esenin, empezó a romper toda la vajilla. Ella todavía pensaba que podía calmarlo si le seguía la corriente. Por eso, empezó ella misma a imitar a su poeta arrojando todo tipo de vasos y platos por la desastrada habitación del hotel. El portero, avisado por los ruidos llamó rápidamente al médico que acudió presto al hotel. Fue llegar a la habitación e inyectar a Isadora una buena dosis de morfina. El pobre doctor se había pensado al ver aquella escena, que la bailarina estaba peor que el poeta, quien feliz, siguió bebiendo sin parar el resto de la noche.

Tras aquella penosa noche Isadora lo tenía todo claro. Era la primera vez en su vida que le había ocurrido algo así. No podía seguir con Esenin o terminaría tan loca como él. Tenía que separarse, pero antes le dejaría en Rusia. No podía abandonarle en Europa. Si había alguna posibilidad de cura para él, ésta estaba en su país, en donde tenía amigos y era admirado por su talento poético.

Necesitaba dinero para el viaje a Rusia. Podría haber recurrido otra vez a Singer, pero prefirió volver a París y vender su casa de la calle Pompe. Como tampoco podía abandonar al poeta en Berlín, consiguió de nuevo los visados para poder establecerse junto a su marido en Francia. Pocos hoteles les permitían la entrada. Esenin, además, dificultaba mucho las cosas con sus declaraciones violentas sistemáticas. Cada día estaba más deprimido. La situación era inconsolable. Sergei no paraba de pronunciar la palabra suicidio. Isadora no sabía que hacer. Un día, en una cena con algunos amigos en el salón del hotel Claridge, encontraron a Esenin colgado de una lámpara. Enseguida le bajaron y llamaron al médico. Sergei se había salvado en esa ocasión, pero existía el peligro de que lo volviese a intentar. El poeta sólo deseaba regresar a su país.

Mientras la grave enfermedad del poeta continuaba avanzando, Isadora comenzaba a cosechar nuevos triunfos con sus representaciones en el Trocadero. París la seguía queriendo y apreciando como siempre. El director del hotel Claridge, dio una fiesta en su honor. En esa ocasión, invitó también a un joven bailarín de tango, que encantado, bailó con Isadora el baile de moda que tanto furor estaba causando en Europa. Esenin se puso frenético por los celos. Quería marcharse de allí inmediatamente, pero necesitaba dinero. Al negarse ella a dárselo y prohibir al resto de los invitados a la fiesta a que accedieran al capricho del poeta, Sergei, muy furioso, rompió todo lo que encontró en su paso, incluidos, todos los vestidos de su mujer. El poeta siguió en un taxi hasta Montmartre, en donde volvió a pelearse con unos ex oficiales del zar. El taxista, que le conocía, esperó paciente para devolverle de nuevo al hotel. Isadora le esperaba también muy intranquila acompañada por su amiga María.

Un nuevo incidente violento, en el que Esenin, durante una cena, y armado de un candelabro se dedicó a romper todos los espejos, aclaró un poco más las ideas de la bailarina. Ella no podía estar a solas con él y realmente era imposible ayudarle. Así pues, hizo lo único que ya le quedaba por hacer y le ingresó en una casa de reposo en Saint Mandé, a sabiendas, de que los amigos de su marido la criticarían diciéndole que se lo había quitado de en medio internándole en un asilo público. Esta clínica, a pesar de ser pública, costaba mucho dinero, y además, tampoco solucionaba las cosas. No se le podía dejar allí para siempre. Un día salió de la casa de salud para volver a beber y a encolerizarse sin cesar.

Esenin seguía deprimido pensando el suicidio. Sólo deseaba regresar a su país, andar por las tierras que le vieron nacer. Recordaba una y otra vez su infancia, el paisaje ruso, sus gentes. No quería seguir en Europa. La melancolía era insufrible. Era preferible la muerte a seguir viviendo en aquel lugar. Isadora, por otra parte, no podía quedarse con él a solas. Le temía. El bueno de su hermano Raymond se alternaba por las noches con María. Una noche, Isadora se despertó sobresaltada al oír un estruendo provocado por unos vidrios rotos. Al asomarse para ver qué había ocurrido vio a Esenin con la cabeza atravesada en el marco de la ventana. Aquello era el fin. Tenía que llevarle a Rusia lo antes posible.

No fue ese el incidente más grave que provocó su pronta determinación, sino otro bien distinto. Hasta ahora Isadora procuraba cuidar al enfermo Sergei, pero no pensaba abandonarle totalmente porque sentía una cierta obligación afectiva hacia él. Ella le consideraba un ser débil, enfermo, un desgraciado, al que nadie reconocía su enorme talento y con una grave psicosis que le hacía ser cada día más peligroso. No, Isadora se decidió a dejarle el día que Esenin se atrevió a escribir una endecha *sobre una perra a la que le habían quitado sus cachorros para ahogarlos en un lago. Isadora la leyó con lágrimas en los ojos y le preguntó —¿qué dirías si algo así se lo hicieran a una mujer?— Esenin le contestó: —¿a una mujer? Una mujer no es más que un montón de mierda.* (Lever, pg 348) Sergei había osado mentarle la desgraciada muerte de sus hijos. Decidió llevarle a Rusia y separarse de él.

El 3 de octubre de 1923 un tren les llevó a Moscú. Sergei volvía a encontrase libre en su tierra. De nuevo la independencia, y a no vivir del dinero de Isadora. Los comentarios de la prensa norteamericana tachándole del «guapo y joven marido de» le habían envenenado las entrañas. En Rusia podría encontrar un buen trabajo como poeta. Pero él ya no era el mismo; parecía un hombre joven pero al que la enfermedad había hecho envejecer prematuramente. Su mente privilegiada, por culpa del alcohol, era incapaz de entender las ideas más elevadas, su brillante capacidad verbal, era ahora un simple balbuceo. Su carácter violento no se mermó en Moscú sino que por el contrario, aumentó deliberadamente. Todas las noches realizaba la misma ruta perniciosa por los cabarets moscovitas dejando peleas allá donde llegaba.

Isadora mantenía su palabra dada, le cuidaba, le vigilaba con angustia. Seguía ejerciendo, en una palabra, su papel de madre amantísima resignada. Si en varios días no sabía nada de él, esperaba impaciente, sin poder dormir ni hacer nada, a volver a verle para saber cómo se encontraba. Un día, cansada, decidió irse finalmente de Moscú. Seguía necesitando dinero para su escuela en Rusia, así que consiguió un contrato para realizar una gira por el Cáucaso. Esenin la seguía necesitando pese a sus continuos desplantes. Al día siguiente de su partida le escribió una carta explicándole como era su nueva vida de «soltero», se había entrevistado con Trotski en el Kremlin para crear conjuntamente una revista literaria. Pasados quince días de esta primera misiva le volvió a escribir comunicándole que estaba muy ocupado trabajando, que se acordaba de ella con gratitud, que vivía con un amigo suyo y que todo le iba muy bien. Isadora por su parte, continuaba con su gira por la Rusia profunda, enviando telegramas diarios a su poeta de los que nunca recibía respuesta. Un día recibió un telegrama firmado por la nueva amante de su poeta, Galina Benislavkaia. Esta mujer la informaba de la nueva situación: el poeta y ella vivían juntos y deseaba que Isadora terminase de una vez su relación con él. Las amigas de la bailarina la convencieron para que no viajase a Moscú inmediatamente a echarse a los brazos de su poeta. La angustia no la dejaba vivir, alterada, desesperada por la nueva noticia. Quince días más tarde, una vez se hubo terminado la gira, regresó a Moscú dispuesta a aclarar las cosas con el poeta. Le buscó por todas partes pero no le halló, aunque descubrió que además de su amante Galina, Esenin tenía otra mujer que era actriz y que había dejado embarazada a otra joven.

Descubriendo tantas ingratas noticias, ¿para qué continuar en Rusia?, ¿había algo que hacer todavía con el poeta? La gira por el Cáucaso había supuesto otro sonado fracaso. ¿Cómo interesar a unos pueblos en donde casi no existían teatros, y en dónde nadie había oído hablar de Liszt o de Wagner? Las salas estuvieron prácticamente vacías todos los días. Las gentes del Cáucaso no estaban acostumbradas a estas danzas tan refinadas, más bien, estaban preocupadas por sobrevivir. Isadora terminó agotada de viajar por esas tierras en las que no existían ni vehículos de motor, ni jabón, ni un maldito cepillo dental, ni ninguna de las comodidades a las que estaba acostumbrada. Allí sólo se veía la miseria y el hambre. Esenin por otra parte, era indomable y había decidido seguir su propio camino lejos de ella.

Consiguió otra gira en Alemania. Menos mal que podía salir de Rusia, ese país de la esperanza en el que tan pocos frutos había obtenido. Berlín había cambiado. Ahora le volvía la espalda acusándola de roja. El fracaso vino a llamar a su puerta. Sus energías eran exiguas. El cansancio mental se dejaba traslucir en sus espectáculos que eran una sombra de lo que fueran en el pasado. Su fuerza vital estaba muy debilitada.

Francia además, le negaba ahora el visado de residencia. ¿Qué podía hacer? Sin dinero, pasando hambre, pensó entonces vender sus cartas de amor. Ahora conocía realmente lo que era estar sin dinero. Cuando era pequeña también carecía de él, pero siempre pensaba que esta situación de carestía era transitoria. Con el paso de los años se hizo más consciente de que su situación financiera era penosa y duradera. Sus hermanos le ayudaron prestándole dinero. Su hermano mayor Augustin, prometió a su hermana que mientras él viviera, jamás le faltaría dinero. Siempre podría contar con una pensión mensual mientras *le quedase un dólar* (Lever, pg 359).

El problema de Isadora no sólo era la falta de dinero, sino el derroche sistemático. Gastaba sin medida, sin planificar, adquiriendo hasta el fin de su vida enormes deudas. Pensó entonces también escribir sus memorias para conseguir algún dinero extra. Se trataba de sobrevivir como fuera. Todas sus ambiciones de juventud habían desaparecido ya de su horizonte.

El gobierno ruso, fiel a sus promesas, no la olvidaba. En 1925, la invitó a Rusia para fundar una danza destinada a los niños de las clases trabajadoras. El proyecto no llegó a fraguar por diversas discusiones dentro del partido.

Mientras, Isadora había vuelto a conseguir un visado de residencia en Francia. En París era en la única ciudad en donde definitivamente deseaba vivir.

El 28 de diciembre de 1925, una espantosa noticia la dejó helada: Esenin se había suicidado en Leningrado, colgándose del tubo de la calefacción central. El día anterior había dejado escrita una carta-poema de despedida redactada con su propia sangre. Los versos de este triste poema concluían:

Morir no entraña nada nuevo
Pero ¿qué hay de nuevo en vivir?
(Lever, pg 360)

Isadora no lo podía soportar más. ¿Por qué no suicidarse también ella? ¿Qué más podía esperar de la vida? A su cabeza regresaron las ganas de ahogarse en el mar. Por suerte, una amiga desconocida, millonaria y espléndida, Ruth Mitchell, la sacó de su triste desesperanza, invitándola con todos los gastos pagados a Niza.

Gracias a esta desconocida, Isadora alquiló de nuevo un estudio en el barrio de Saint Augustin cerca del mar Mediterráneo y comenzó a trabajar. Tapizó todo de azul, compró almohadas, cojines diversos y contrató a un pianista ruso amigo de su desaparecido Esenin, Víctor Serov, que pasó a engrosar el siguiente en su larga lista de amantes. Ella tenía cuarenta y nueve años y él veintidós. Deseaba recuperar las ganas de vivir, la juventud perdida, recuperar el deseo tantas veces olvidado. Vida fue el nombre que le dio a este nuevo amante feliz, despreocupado, con el que compartía estudio y conciertos en su estudio de Niza para unos pocos invitados. La situación económica pese a la ayuda de su millonaria era precaria, e Isadora, saltándose uno de sus más sagrados principios, pedía disculpas a su selecto público por cobrarles la entrada.

En su estudio de Niza recibía visitas continuas de las personalidades más notorias del mundo artístico. Jean Cocteau, Picasso, Marcel Herrand… Cuando su Serov no se encontraba con ella por razones laborales, la desesperada Isadora pagaba a los hombres para que se acostaran con ella. Su necesidad afectiva era inmensa y las ganas de sentirse de nuevo deseada inalcanzables. Buscaba a los camioneros, a los obreros y descargadores que faenaban en el muelle. Cuando alguno de estos hombres accedía a sus deseos sin recompensa alguna, orgullosa, sentía que todavía podía ser deseada por aquellos musculosos jóvenes. No era tan vieja. Seguía siendo atractiva para el sexo contrario. Conseguir a un hombre se convirtió en una especie de obsesión irresistible. Escapar de la vejez, olvidar la angustia por el tiempo que se va. No podía ni siquiera imaginar que podría acabar sus días en soledad. La sola posibilidad le espantaba y deprimía. El alcohol le ayudaba a olvidar sus pesares, y no había día que no bebiese antes de cada comida y al levantarse para poder funcionar normalmente. La prensa norteamericana publicaba cada cierto tiempo una parte de sus memorias. La ironía de la vida. Recuperada aparentemente un poco de la muerte de Esenin, sólo deseaba una cosa: cobrar todo el dinero por sus recuerdos y marcharse de nuevo a Rusia. *Si el gobierno soviético se encargara de mi escuela, pasaría el resto de mi vida allí* (Lever, pg 366). El gobierno ruso no pudo nunca cumplir con sus promesas e Isadora jamás volvió a pisar esa país. *No entiendo nada de política* —seguía insistiendo— *Sólo se que daría la última gota de mi sangre para hacer avanzar mi concepción de la humanidad*. Isadora se aferraba a sus recuerdos, a sus ideales, pero muy bien sabía que sus expectativas de futuro eran imposibles de desarrollar. Su vida entera había sido una decepción continua.

Hacía tres años que no subía a un escenario, no tenía fuerzas, su estado físico ya no era el de antaño. Se había cuidado muy poco y bebido demasiado. Todo lo más que consentía, era hacer íntimas representaciones en su estudio. María, su fiel amiga a la que tantas veces recurrió, la convenció para volver de nuevo a los teatros. Para eso necesitaba urgentemente poner a punto su descuidado cuerpo. Había engordado bastante con tantas desgracias. Necesitaba hacer un régimen, dejar de beber y volver a ensayar con frecuencia. El carácter férreo de la bailarina se volvió a manifestar en esta ocasión. Era necesario vivir. Morir era tan fácil. El trabajo y la disciplina alimenticia dieron enseguida sus frutos y el 8 de agosto de 1927 ofreció un único recital en el teatro Modagor en Niza, con música de Schubert y Wagner. La sala volvió a estar repleta y las arcas se llenaron de nuevo.

Todo el dinero ganado con esta representación fue dilapidado en muy poco tiempo. La vida en Niza era una sucesión de fiestas continuas, salidas nocturnas a las clubes de moda de Niza, y taxis diarios al estudio que compartía con María. Isadora sentía el gusto que suponía gastar por gastar. Miles de compras innecesarias la satisfacían haciéndola sentirse como *una aristócrata de pura raza*. Como ella decía: *El verdadero escándalo no es malgastar, sino el dinero* (Lever, pg 370) Lo importante para ella era gozar de cada momento que le ofrecía la vida. ¿No era la vida un juego? El peligro de la escasez la excitaba, la estimulaba a nuevos proyec-

184

tos. Tras las fiestas, lo que m...
a gran velocidad, sentir el aire...
amante ruso la abandonó porqu...
mejor empleo. Isadora no sufrió, ...
desde hacía tiempo. Lo esperaba.

Comiendo un día con sus amigos ...
Juan, sintió repentinamente un des...
mecánico que estaba también allí. No...
averiguar su nombre, dónde trabajaba y ...
Estaba entusiasmada. Aquel bellísimo ho... ...cido.
Por una leve sonrisa de un hombre joven ... ...a capaz de
todo. La excusa de la cita fue la compra de ... coche, un Bucati.
¿Por qué no va a tener derecho de desear a un hombre treinta años
más joven que ella? ¿Es que acaso el amor tiene límites y prohibiciones?

El dinero volvía a escasear. María consiguió convencer a
Isadora de que ante una situación tan desesperada lo mejor era
recurrir de nuevo a su fiel Singer, que vivía muy cerca de Niza, en
una mansión en Cap-Ferrat. Superando los escrúpulos iniciales allá
se dirigieron las dos. Singer ya sabía a qué habían venido a verle
en cuanto las recibió, pero sabiamente se negó a darles dinero porque conocía que inmediatamente haría falta más. *Isadora se lo
gastaría en pocas horas* —alegó Singer. Nadie podía retener a
Isadora en su caída.

Por sorpresa apareció el bueno de Singer al día siguiente en el
estudio de Isadora para invitar a las mujeres a comer, y charlar de
sus vidas. Singer nunca se había olvidado de Isadora. Le prometió de nuevo que él le pagaría todo lo que necesitase, que lo importante era que se pusiera de nuevo a trabajar de inmediato sin preocuparse jamás del dinero. Él está allí de nuevo, esto es algo no
que debe olvidar Isadora. Desde luego, Singer en sus memorias era
todo un encanto de hombre en ese aspecto.

La alegría perdida parecía regresar de nuevo. ¿Seguía Singer
amando a Isadora? Por lo menos a ella le complacía profundamente a su ego, todos esos detalles desmedidamente generosos de
su antiguo amante. Todos habían quedado el 14 de noviembre de

la tarde para hablar y hacerle entrega de un
qué Isadora dejó escapar a este hombre seductor y
¿Por el afán de la aventura?

omó un nuevo día lleno de renovadas esperanzas. Era el 14
_e_ noviembre, un día que amaneció soleado pero que resultó fatídico para Isadora. Por la mañana se dirigió al taller y preguntó por aquel apuesto joven que había conocido días atrás. Le dejó el recado de que pasase por su casa a las cinco de la tarde para gestionar la compra del Bucati. Isadora era una mujer incorregible. Aquella tarde tenía una doble cita: a las cuatro con Singer y a las cinco con su joven _Adonis_. Después del recado se fue de compras, tomó el aperitivo en Promenade des Anglais y fue a la peluquería. Llegaron las cinco al estudio y Singer no había venido todavía. El joven sí acudió puntual a la cita. Era muy tímido e Isadora _una loba_ que sabía manejar a los hombres. Le hizo hablar, le engatusó con sus artes ya muy experimentada, le pasó lentamente la mano por la espalda y estaba a punto de darle un beso cuando apareció su Singer pidiéndole disculpas por la tardanza. El joven, sorprendido en el suelo con Isadora, salió del estudio abochornado dando un salto, ella, sabedora del efecto que causaría en Singer, se despidió despacio de él, acordando una nueva cita a las nueve de la noche. Necesita probar el coche que supuestamente estaba comprando. Singer no se creyó ni una sola palabra pronunciada en aquel momento por Isadora. Él la conocía muy bien después de tantos años y sabía que su situación económica era tan mala, que toda aquella excusa de la compra del Bucati no era más que otra de sus artimañas de mujer seductora para conquistar al joven. Quizás no fuera el momento adecuado para darle el cheque y hablar con ella —pensó seguramente Singer. Estaba muy ocupada con otros asuntos. Mejor quedar con ella mañana. Quizás entonces la pudiese invitar a comer y darle el cheque.

A las siete de la tarde se reunió con su amiga María hecha un manojo de nervios. Todo estaba perdido. ¿Cómo había podido ser tan estúpida? Creía haber perdido la oportunidad de conquistar al joven y de haber conseguido dinero. El joven —pensó— había salido tan asustado, que quizás no volvería a las nueve. A las nueve contra todo pronóstico apareció por la puerta de su estudio el joven con un nuevo Bucati, un precioso bólido de color azul. La ocasión era ideal para probar el potente vehículo. Contenta de estar de nuevo entre los brazos de aquel hermoso hombre, se subió al coche encantada y muy feliz. Su amiga María les observaba. Iban recorriendo la avenida Promenade des Anglais, cuando el chal de Isadora se enredó entre la palometa y el cubo de la rueda. El coche no pudo frenar y ella se partió el cuello pereciendo en el acto.

BIBLIOGRAFÍA

ASIMOV, Isaac: *Los Estados Unidos desde la Guerra Civil hasta la Primera Guerra Mundial,* Ed. Historia Alianza Editorial, Madrid, 1995.

ART BOOK: *Prerrafaelistas.* Electa Bolsillo.

BARIL, Jacques: *La danza moderna,* Ed. Paidós, Barcelona, 1987.

BOTICELLI: Clásicos del arte. Noguer Rizzoli Editores, Barcelona, 1983.

DUNCAN, Isadora: *El arte de la danza y otros escritos.* Edición de José Antonio Sánchez, Ed. Akal, Madrid, 2003.

DUNCAN, Isadora: *Mi Vida,* prólogo de Soledad Puértolas, Ed. Debate, Madrid, 1977.

GOMBRICH, E.H: *La Historia del arte contada por E.H. Gombrich,* Ed. Círculo de Lectores, Madrid, 1978.

HERAD HAMILTON, Georg: Pintura y escultura en Europa (1880-1940), Manuales Arte Cátedra.

LEVER, Maurice: *Isadora,* Ed. Circe, Madrid, 1989.

MARKESSINIS, Artemis: *Historia de la Danza desde sus orígenes,* Librerías Deportivas Esteban Sanz Martier, S.L, prólogo de Rosella Higtower, Madrid,1995.

SALAZAR, Adolfo: *La danza y el Ballet,* Breviarios, Fondo de Cultura Económica, Madrid, 1998.

SCHOPENHAUER, Arthur: *El mundo como voluntad y representación,* Ed. Orbis, Barcelona, 1985.

VILLACAÑAS, José Luis: *Historia de la Filosofía Contemporánea,* Ed. Akal, Madrid, 1995.

Whitman, Walt: *Canto a mí mismo y otros poemas,* selección, traducción y prólogo de Jorge Luis Borges, Círculo de editores, Barcelona,1997.

Whitman, Walt: *Hojas de hierba,* selección, versión directa e íntegra de Francisco Alexander, Ediciones Mayol Pujol, Barcelona, 1980.

Diccionario de Literatura Universal: Ediciones Generales anaya, Madrid, 1985.